仓丰廪实

开放的大唐 · 经济篇

薛平拴 著

西安出版社
西安曲江出版传媒股份有限公司

图书在版编目（CIP）数据

开放的大唐. 仓丰廪实：经济篇 / 薛平拴著. —西安：西安出版社，2016.11（2019.1重印）
 ISBN 978-7-5541-1913-6

Ⅰ. ①开… Ⅱ. ①薛… Ⅲ. ①中国历史—唐代 ②中国经济—经济史—唐代 Ⅳ. ①K242 ②F129.42

中国版本图书馆CIP数据核字(2016)第300331号

开放的大唐系列丛书·经济篇
KAIFANG DE DATANG XILIE CONGSHU·JINGJIPIAN

仓 丰 廪 实
Cangfeng Linshi

著　　者：	薛平拴
出品人：	屈炳耀
主　　编：	杜文玉
策划编辑：	史鹏钊
责任编辑：	张增兰　范婷婷　原煜媛
责任校对：	张爱林　陈　辉　张忝甜
装帧设计：	朱小涛　纸尚图文设计
责任印制：	宋丽娟
出　　版：	西安出版社
发　　行：	西安曲江出版传媒股份有限公司 （西安曲江新区雁南五路1868号 影视演艺大厦14层）
印　　刷：	河北远涛彩色印刷有限公司
开　　本：	880mm×1230mm　1/32
印　　张：	10.5
字　　数：	141千
版　　次：	2017年4月第1版
印　　次：	2019年1月第3次印刷
书　　号：	ISBN 978-7-5541-1913-6
定　　价：	32.00元

读者购书、书店添货或发现印装质量问题，请与本公司营销部联系、调换。
电话：(029) 85234426

《开放的大唐》系列丛书·编委会

主　任　　吴　键

副主任　　方光华　李　元

编　委　　姚立军　马　锐　李　浩　屈炳耀

主　编　　杜文玉

编写组　　拜根兴　薛平拴　贾志刚　潘明娟
　　　　　王兰兰　付　婷　张　琛

序一

开放与融合：唐代文化的会通精神

现在读者朋友看到的这套《开放的大唐》丛书是西安市委、市政府为塑造西安城市品牌，传播西安声音，讲述西安故事所制作的《大西安印象》系列丛书中的第一套。编委会的同志希望我能为这套书写些文字，作为序言。盛情难却，撰写此文，供读者朋友们阅读这套丛书时参考。

我是做中国思想文化史研究的，这也是习近平同志提的中国优秀传统文化的重要方面。正如习近平同志所说："中华文明源远流长，蕴育了中华民族的宝贵精神品格，培育了中国人民的崇高价值追求。自强不息、厚德载物的思想，支撑着中华民族生生不息、薪火相传，今天依然是我们推进改革开放和社会主义现代化建设的强大精神力量。"西安是十三朝古都，有周秦汉唐的底蕴，在文化上可以说是积淀深厚，西安市委书记王永康同志也提出了这一点，要坚定文化自信，挖掘利用好西安的历史文化资源，担负起西安对中国文化的历史责任。

《开放的大唐》丛书对有唐一代近三百年的政治、经济、文化、生活、外交和都邑等六个方面做了介绍和解析，反映了唐代物质文化、精神文化、政治文化与制度文化的繁荣和逐渐趋于完备的过程，具有重要的学术价值和实践意义。

一、唐朝在国家制度上的创新

唐代国家政治制度的建设，体现出与前些朝代会通的特点。据陈寅恪先生研究，隋唐政治制度有三个来源：一是北魏北齐孝文帝改革后的制度；二是以梁、陈为代表的南朝后半期的政治文化；三是西魏、北周时期的个别制度。自东汉统一的中央集权解体后的三四百年间，虽有西晋短期统一，但西晋并没有政治制度上的建树。南北朝时期，南北政权在研究国家怎样才能统一的主题面前,各有对于政治制度的新见解。隋代立国,政府机构的设置多沿袭北魏,赋税体制则多采自南朝,而唐朝则是上面各方面的会通与新创造。

唐代在国家官员的选拔上,发展了隋代的科举取士制度,使寒门人才有机会进入政府部门,打破了贵族的政治垄断,使国家政治机构获得一定的活力。在经济上,唐代保护自耕农,同时提倡商业,发展对外经济、文化交流。在唐代,民族问题的处理也尽量依据平等原则,唐太宗说:"自古皆贵中华、贱夷狄,朕独爱之如一。"太宗命孔颖达等人编《五经正义》,又提倡道教、佛教,允许宗教信仰在不影响国家利益的前提下发展,因而景教(唐代传入中国的基督教)、祆教、伊斯兰教和摩尼教(波斯人摩尼在公元3世纪创立的宗教)在唐代都有所传播。

在唐代,史学著作别具一格。唐代官修前朝史书有《梁书》《陈书》《北齐书》《周书》《隋书》《晋书》六种,加上李延寿私修的《南史》《北史》,共八种,占"二十四史"的三分之一。编修史书部数之多、质量之高为其他朝代所不及。杜佑还创造了一种新的史书体裁——政书体。唐中宗时由刘知几编撰的《史通》，是我国古代史学的一部划时代的文献，由此奠定了我国史学批评的基础。

唐代文学绚丽多彩。唐代建立后，大臣魏征、令狐德棻等，都要求改革六朝文风。"初唐四杰"和陈子昂为唐代文学的繁荣揭开了帷幕。盛唐时期，王维、孟浩然、高适、岑参、李白、杜甫，群星灿烂，异彩纷呈。中唐后元稹、白居易、韩愈、柳宗元又把文学传统推向一个新的高峰，形成了唐代文学又一个百花争妍的局面。

总之，唐代的盛世由贞观年间（627—650年）开始，经高宗、武后、中宗、睿宗的过渡，到玄宗开元年间（713—742年）达到顶峰。天宝年间（742—756年），各种社会矛盾开始激化，到安史之乱爆发，唐朝的盛世宣告结束，经历了一百余年。

二、唐代思想文化的历史影响

唐代是中国传统社会的鼎盛时期，也是中国古代思想文化一个新的高峰期。

在唐代，儒、释、道思想融合进一步加深，为以后理学的诞生奠定了思想学术基础。唐代的佛教，已经完成了中国化的历程，异域传入中国的佛教与本土文化渗透融合，形成了不同的宗派，有代表性的包括三论宗、天台宗、唯识宗、华严宗、禅宗等，特别是中国化的禅宗获得了长足的发展。民族交融、人口迁徙和文化流变促进着文明的全面进步，提升着民族的文化创造力。从魏晋南北朝到隋代，有不少人主张在思想上融合儒教、佛教与道教，人称"三教合一"。"教"指教化，所谓"三教合一"，并非三种宗教合一，而是指三种教化的融合渗透。从南北朝时期，就有一些儒者以宽容的态度对待佛教思想，如颜之推，他称儒学为"外教"而佛学为"内教"，把儒家学说中的仁、义、礼、智、信"五常"，同佛教戒律的不杀生、不偷盗、不邪淫、不妄语、不饮酒"五戒"一一对应，以儒诠佛，以佛注儒，认为儒学思想和佛学思想在内涵上具有一致性，"内外两教，本为一体"。仁对应不杀生，义对应不偷盗，礼对应不邪淫，信对应不妄语，智对应不饮酒。这开启了隋唐儒释渗透的先声。

道教在唐代具有特殊地位。由于唐朝皇室自认为是老子的后代，因而把道教列于其他宗教之上。唐高祖时，明确规定道教在三教中享有最高政治地位。唐玄宗继续提高道教的地位，神化老子，一再给老子加封，并下令各地遍建玄元皇帝庙，大量制作玄元皇帝神像，不断编造玄元皇帝降灵的神话。唐玄宗还亲自为《道德经》作注疏，将《御疏老子》及《义疏》颁示天下，并组织力量整理编辑道教典籍，在社会生活中倡导道教斋醮、推行道教乐曲等。道教由此而成为唐代政治上最显赫的宗教。唐朝统治者对道教的推崇，为道教的发展和传播提供了便利和资源。唐朝道教的学说主要见之于成玄英、王玄览、司马承祯、李筌等人的著作。

唐代的主流思想是儒学。唐初，为了适应大一统国家的政治需要，在唐太宗李世民的主持下，对汉魏以来的儒家经典进行了系统整理，形成了《五经正义》，经学进入了统一时代。《五经正义》给当时学术界提供了一个统一而规范的官方经典文献，结束了由于政治分裂而形成的南北经学分歧，成为后世科举考试中明经科的主要版本和解释依据。

在儒经文献统一的基础上，到了中唐，韩愈、李翱对儒家思想统系进行整理，吸收融汇佛学、道家的思辨方式，提出了儒家"道统"说，并对思孟学派一脉的仁政学说和心性学说进行了新的发掘，为宋代理学的诞生奠定了基础。柳宗元、刘禹锡则更多地融汇古代的思想资源，以儒学为主，继承发挥了从屈原、王充到玄、佛等各种理论，使哲学、文学、社会紧密结合，丰富和深化了儒学之道。

唐代儒学发展到中叶，就不再限于仅仅对经典的整理和文献的阐释，而是试图对儒学思想做出深度发挥。加之佛教的广泛传播，佛学的思想方法和统系观念也对儒学提出了挑战。在思想方法上，佛学以佛性论来替代儒家的修养学说；在统系观念上，佛学以祖统论来树立其正统地位。

所谓佛性，本来是指本体或本质，佛经中所说的"真如""实相""法性"等，都是佛性的不同表述。佛教在中国的传播过程中，吸取儒学中的心性概念，把外部世界的佛性和精神修养的心性结合起来，把"人皆可以为尧舜"的儒家性善观转化为"人人皆可成佛"的佛性论，甚至主张一阐提人（即断绝善根之人）都能成佛，使儒家的心性说反而成为佛性的铺垫。另外，佛学中的唯心思辨方法也对儒家的经验理性形成了冲击。所谓祖统，是指佛教中的传承关系。尤其是禅宗，构建了从达摩到慧能的中国禅宗六祖统系，后由神会编造出一个达摩之前的西国八代说，到中唐僧人智炬写的《宝林传》，则以慧能的传法基地韶州曹溪宝林寺为名，构建了一个由迦叶、阿难到达摩的二十八代说。这种祖统说在唐代已经颇有影响，对增强佛教的权威性具有重大作用。在佛性论和祖统论的挑战下，儒学（如韩愈和李翱等）开始吸取新的思辨方法，对"道""理""性""情"等重要概念进行探析，提出了儒家"道统说"，开了后代理学的先声。

韩愈认为，儒家思想的发展演变有一个具体的传授谱系，即"尧以是传之舜，舜以是传之禹，禹以是传之汤，汤以是传之文、武、周公，文、武、周公传之孔子，孔子传之孟轲。轲之死，不得其传焉"。这个体系集中表达了儒学的正统意识，在观念上把政治与学术融为一体。这个谱系中的"尧、舜、禹、汤、文、武、周公"，从孔子开始到后代儒者都非常推崇，但是韩愈以前的儒者都是把这些先圣明君作为治国的典范，而没有将其列入思想的宗师。韩愈则首次把君主与孔孟在学术传承上衔接起来，完成了政治家与思想家的统一。

韩愈在思想文化上的另一贡献，是倡导古文运动，并以此奠定了他在文学史上的地位。在一定意义上，韩愈在文学领域比在思想领域更出名。古文是指先秦至两汉的散文，文体自由，以散行单句为主，行文灵活，表达随意。魏晋以降，在汉代赋体基础上形成了骈文，讲究对偶、声律、典故和辞藻，华而不实。所谓古文运动，就是变革汉魏六朝以来的骈体文，以恢复先秦散文为号召，进行文体改革。

韩愈提倡古文的思想内涵是"文以载道",即以古文来振兴儒学,弘扬道统。

以上我对唐代做了一些介绍,由此,读者朋友们会更好地理解为什么要编辑出版《开放的大唐》丛书。从历史中吸取经验、教训,有助于我们今天实现民族伟大复兴的理想。历史不能隔断,了解历史的目的是更好地理解我们的今天和明天。

张岂之

(西北大学名誉校长,中国思想文化史专家)

2017年3月28日

序二

大唐盛世的辉煌历史

众所周知,唐代是我国古代历史上最为辉煌的一个历史时期,同时也是一个大转型的历史时期。被日本学者誉为"世界帝国"的隋唐王朝,在政治、经济、文化、军事等方面均创造出了辉煌的成就,无论是对外文化交流方面,还是制度文明方面,均走在了当时世界的前列。对于这一历史时期的研究,中外学术界十分重视,从不同的角度进行了深入的研究与探讨,取得了丰硕的成果,但是这些成果多为学术论著,不适合广大读者阅读,也就是说受众面比较狭窄,不能有效地发挥以史为鉴、以史资政的作用。

1300多年前,唐玄宗即位后,改年号为"开元",从此奏响了史称"开元盛世"这一大唐最强音的序曲。他先后任用姚崇、宋璟、张嘉贞、张九龄、韩休等人为相，对政治、经济、军事和文化等进行一系列改革，使唐王朝走上了盛世之路，这一系列的创举，也对如今实现中华民族伟大复兴的中国梦具有重要意义。

2014年10月13日，中共中央政治局第十八次集体学习时，习近平主席强调，要牢记历史经验、历史教训、历史警示，为推进国家治理能力现代化提供有益借鉴。对绵延5000多年的中华文明，我们应该多一份尊重，多一份思考。

为了弥补专业学术论著的不足，为广大读者提供一套反映大唐历史文化以及时代风貌的图书，西安曲江新区党工委书记李元同志组织专家学者编撰了这套《开放的大唐》系列丛书，用通俗易懂的叙事语言，生动形象地讲述了有关大唐时代最美中国的精彩故事。这套丛书共计6册，平均每册10万字左右，各配有精美图片百余幅，努力做到图文并茂，这是此书的第一个特点。为了适应广大读者的阅读习惯，整套丛书努力做到文字简洁，流畅自然，可读性强，这是此书的第二个特点。丛书的编撰者大都是来自在陕高校和文博部门的专家学者，根据其学术专长，分别负责一册书的撰写，因此，内容丰富、知识科学、深入浅出，是此书的第三个特点。

这套丛书围绕"开放的大唐"这一主题，从政治、经济、外交、文化、生活、名城六个角度，分册讲述大唐文化，每册书的基本内容与特点如下：

《海晏河清——政治篇》，分为4章23节，对唐朝的主要制度与政治、军事活动进行了简明扼要的介绍。具体内容：政治制度，包括职官、地方行政、羁縻府州、科举、铨选、司法、考课、监察等制度；政治风云，包括贞观之治、武周革命、开元盛世、安史之乱、宪宗中兴、宦官专权、牛李党争、藩镇割据、黄巢起义等；军事制度，包括府兵制、募兵制、禁军制度、藩镇军制等；军事活动，包括北平突厥、开拓西域、东征高丽、南抚诸族等。

《仓丰廪实——经济篇》，分为5章20节，内容包括农业经济、手工业经济、商业经济、金融经济、对外贸易等许多方面。其中也包括许多经济方面的制度，如均田制、租庸调制、两税法、仓廪制度、市场管理制度等，对人口增减、水利兴修、耕地面积、粮食产量以及物价等情况，均有简要的介绍。在撰写手工业生产时，还将唐代的著名产品进行了介绍。对于中外经济交流的盛况，也有详细的介绍，不仅论述了唐朝的外贸方式，而且还分析了这种交流对促进各国经济繁荣发展的积极意义。

《万国来朝——外交篇》，共计4章14节，分初唐、盛唐、中唐、晚唐四个阶段介绍了有唐一代的外交政策及其变化情况。除了简明地介绍与唐朝交往的外国情况外，还对贡封体制下民族关系的变化以及在经济文化交流中所取得的成就进行了客观的评述。尤为可贵的是，作者还以"大唐帝国的启示"为标题，从唐代的夷狄观、包容性、开放性等三个方面评述了唐朝外交政策的特点。

《气象万千——文化篇》，分为6章24节，全面系统地介绍了唐朝所取得的光辉灿烂的文化成就，内容包括儒学、教育、史学、诗歌、传奇小说、变文、书法、绘画、乐舞、科技、宗教等方面。不仅介绍了这些方面所取得的成就，而且对其特点、风格的变化，以及中外文化交流的情况等，都有详尽的评述。对唐文化在中国文化史上的地位以及对世界文化发展的贡献，也有客观的评价。

《盛世繁华——名城篇》，共分6章12节，主要介绍了唐代几个最著名的城市，包括长安、洛阳、扬州、成都等的城市布局、坊市、建筑、景区、名人宅居等方面的情况。除了以上方面外，对每座城市的发展史以及建筑特点也有详尽的介绍。尤为可贵的是，此书还对这些名城对中国城市与世界其他城市的规划与建设方面的影响，进行了简要的介绍，充分反映了唐代在城市建设与规划方面所达到的高度与水平。

《物阜民丰——生活篇》，共分6章21节，主要内容包括服饰、化妆、织染工艺、食品、城市与乡里、住宅、道路、交通工具、馆驿、行旅风俗、节俗、娱乐等方面,全方位地反映了有唐一代各个社会阶层的生活状态,是这一历史时期人们日常生活状况的真实反映。阅读此书,不仅可以增长知识,扩大见闻,而且可以了解我国古代鼎盛时期所创造的物质文明和精神文明的全部情况,增强历史自豪感,增强文化自信。

中华文明源远流长,有关中国历史文化的论著汗牛充栋,然而目前专门以中国古代社会生活史为着眼点,尤其是系统讲述唐代社会生活的论著并不多,因此此书还具有一定的学术研究价值,对史学界传承中国传统文化,以文化人、以史资政意义重大。

这套丛书的编写与出版是一种全新的尝试,目的就在于为读者提供一套简明扼要、图文并茂、既具有科学性又具有趣味性的历史通俗读物,把学术界的研究成果从象牙塔里转移出来,使其更好地为社会生活服务,在盛唐的文字气韵中为读者讲好中国故事。当然，如果非专业的普通读者能够直接阅读学术性论著，那是最好不过的了，但是这得有一个前提条件，就是学术界产出的成果必须做到雅俗共赏，而这一点不仅国内学术界很难完全做到，即使在国外也是不多见的。在这种情况下，这套丛书的做法就不失为一种较好的方式，即着眼于"开放的大唐"这一主题，用通俗的写法讲述生活在唐代的文化样貌。这样做的效果到底如何还要经过实践的检验，也就是能够获得广大读者认可，这一点也是这套丛书编撰者所期望的。

杜文玉

（唐史学会副会长，陕西师范大学唐史研究专家）

2016 年 11 月 3 日

第三节 仓丰廪实：社会经济的空前繁荣

一 人口的迅速增加 040

二 农业生产工具的改进 040

三 水利事业的发展 043

四 亩产量的提高 049

五 耕地面积的增加 051

六 物价低廉 052

七 公私仓廪俱丰实——开元、天宝盛世 053

目 录

序 章 ... 001

第一章 农业经济的大发展 ... 007

第一节 土地关系的调整——均田制 ... 009
一 唐朝实行均田制的原因 ... 010
二 均田制的内容 ... 012

第二节 从租庸调到两税法：赋役制度的变化 ... 019
一 租庸调法 ... 019
二 户税 ... 024
三 地税 ... 029
四 两税法 ... 033

二 制糖业	086
三 酿酒业	089
四 制茶业	091
第四节 采矿业与金属铸造业	093
一 采矿业	093
二 金属铸造业	096
第五节 造纸业与印刷业的发展	100
一 造纸业	100
二 印刷业	103
第六节 制造业的进步	105
一 陶瓷业	105
二 造车业	113
三 造船业	116

第二章 手工业经济的发展

第一节 手工业生产的发展

一 手工业生产门类齐全

二 手工业作坊遍布全国

三 名牌产品众多

四 广运潭上的"展览会"

第二节 发达的纺织业与印染业

一 纺织业

二 印染业

第三节 与食品相关的手工业

一 粮食加工业

二　人数众多的中小商人 ... 179
三　牙人的大量出现 ... 183
四　商人的同业组织——行会 ... 184

第四节　奔走于各地的胡商 ... 189
一　空前有利的经商环境 ... 189
二　胡商为利奔走忙，走南闯北遍大唐 ... 192

第四章　唐代金融业的发展

第一节　柜坊的产生及其性质 ... 203
一　柜坊的产生 ... 206
二　波斯邸与波斯店 ... 206 211

第三章 商业与市场的空前繁荣

第一节 市场管理制度的完善 ... 119
一 市场管理机构与官吏的设置 ... 122
二 市场官员的职责 ... 122
三 严格监督商品质量和交易秩序 ... 124
四 维护市场秩序，加强市容管理 ... 128

第二节 城乡市场的繁荣 ... 133
一 城市市场的繁荣 ... 135
二 乡村市场的兴旺——草市的发展 ... 135

第三节 经营天下遍，却到长安城——国内商人的活跃 ... 159
一 财大气粗的富商大贾 ... 165 166

三　海运的发展	256
四　通往周边少数民族地区和外国的道路	257
第二节　丝绸之路的繁荣	262
一　灭高昌	262
二　统一西域	265
三　丝绸之路的线路	271
第三节　对外贸易的发达	275
一　对外贸易的管理	276
二　唐与东亚的贸易	289
三　唐与南亚、东南亚、西亚之间的贸易	294
后记	299

三　柜坊的性质 215

第二节　质库 219

一　质库的经营者 219

二　前往质库的借款者及利率 222

第三节　信用借贷的活跃 228

第四节　飞钱——汇兑业务的产生 236

第五章　国内外交通及对外贸易的发达

第一节　国内外交通的发达 243

一　四通八达的陆路交通 245

二　水路交通的发达 246

253

序章

隋末，良田抛荒，大量人口死亡，农业极度衰败。唐朝建立后，大力调整土地制度和赋役制度，实行均田制和租庸调制，农业经济迅速发展，人口和耕地迅速增加，水利事业和农业生产工具取得新的进步，粮食亩产量显著提高，无论公私，仓丰廪实。到唐玄宗开元、天宝年间，社会经济空前繁荣，成为中国封建社会的黄金时代。

唐朝时期，无论是官营手工业还是民营手工业生产都有显著的进步，手工业生产门类更加齐全，生产分工更加细致，民营手工业作坊遍布全国；从手工业生产水平、产品种类和生产规模等方面来看，唐代的手工业生产都远远超越前代。手工业生产的蓬勃发展，为市场提供了大量的商品，满足了社会各阶层生产和生活的需要，有力地推动了唐代商品市场的活跃。

唐政府对市场管理十分重视，建立了一套相当完善的市场管理制度，从而保障了市场交换的有序进行。唐代的城市市场和乡村市场都远比前代发达，城市商业空前繁荣，传统的坊市制逐渐趋于崩溃，许多城市出现了"夜市"；广大农村地区商品种类繁多，草市遍布南北各地，南方地区的草市尤为发达。

交通运输业的发展和丝绸之路的通畅，使商人外出经商更加便捷和安全，商品流通规模进一步扩大。唐王朝国家统一、社会安定、国力强盛，为商业的发展提供了前所未有的有利环境，周边各个国家和地区的商人纷纷到唐朝内地开展贸易。市场交易更加活跃，不论是财大气粗的富商大贾，还是为数众多的中小商人，奔走于各地之间，贩运他们认为有利可图的各种商品，他们的经营活动充分显示了唐朝商业的空前繁荣。唐朝是中国古代商业史上的最高峰之一，其发展水平远远超过了以前任何时期。

唐代出现了各种形式的金融机构。例如经营存款和放款业务的柜坊，提供抵押借贷的质库，在长安还出现了我国最早的汇兑事业——飞钱。在信用借贷方面，有大量的私人经营者，也有各级政府经营的公廨本钱。这些金融机构及其所经营的金融业务，尽管不能和近现代金融业相提并论，但它标志着唐代的信用关系和金融业已发展到一个前所未有的新水平。

唐代的陆路交通四通八达。以长安为中心，北路经蒙古到叶尼塞、鄂毕两河上游，往西达额尔齐斯河流域以西地区；西路经河西走廊，出敦煌、玉门关西行，至新疆境，有三条路可通中亚、西亚、南亚，这就是著名的"丝绸之路"；西南路经西川到吐蕃，再向南行，可达尼泊尔、印度，或经南诏、缅甸到印度；往东经河北、辽东可到朝鲜半岛。

丝绸之路是一条古老而漫长的商路。自古以来，为了维护丝绸之路的通畅和繁荣，中国历代王朝曾付出了异常艰巨的努力。唐朝经过多年的苦心经营，保持了丝绸之路的通畅和繁荣。唐朝时，通过丝绸之路来到中国内地经商的外国商人络绎不绝，中国大量的丝织品、瓷器、茶叶等被贩运到了欧亚各国，而大量的外国商品也通过这条商道进入唐朝境内。

唐朝时期国家统一，国力强盛，社会环境安定，水陆交通空前发达。唐政府十分重视与各国之间的贸易往来与经济交流，对外国商人来唐贸易毫无限制，而且还非常鼓励。于是外国商人纷纷前来，唐朝商人也远渡重洋到外国经商，从而使唐朝的对外贸易盛况空前。唐朝对外贸易的范围，已经扩大到亚洲绝大部分国家及欧洲、非洲的部分地区。

第一章

农业经济的大发展

隋末，兵火不断，良田抛荒，大量人口死亡，农业极度衰败。唐朝建立后，实行均田制和租庸调制，大力调整土地制度和赋役制度。于是，农业经济迅速发展，人口急剧增加，耕地也不断增加，水利事业和农业生产工具取得新的进步，粮食亩产量显著提高，无论公私，仓丰廪实。到唐玄宗开元、天宝年间，唐王朝进入了一个空前繁荣富强的鼎盛时期，成为中国封建社会的黄金时代。

第一节　土地关系的调整——均田制

　　均田制最早实行于北魏孝文帝太和五年（481），到唐德宗建中元年（780）宣告结束，经过北魏、北齐、北周、隋、唐五个朝代，历时约三百年。唐朝均田制来源于北朝均田制，但也发生了不少变化。

一、唐朝实行均田制的原因

唐朝均田令先后颁布了两次，一次在武德七年（624），一次在开元二十五年（737）。唐朝为什么要实行均田制呢？这还得从唐王朝所面临的社会经济状况说起。

经过隋末唐初十几年的战乱，大量的人口死亡或逃亡外地，不少地区变成了无人区。隋末，杨玄感给樊子盖写信说："黄河之北，则千里无烟；江淮之间，则鞠为茂草。"可见隋唐之际到处是荆榛遍野，蒿棘成林。长期的战争造成了两个非常严重的恶果：一是人口大量减少，二是出现了大片荒地。这种人少地荒的萧条景象，直到唐太宗时期仍没有彻底改变。

贞观十三年（639），大臣们请唐太宗到东岳泰山举行"封禅"仪式。唐太宗也动心了，但魏徵不同意这样做。所谓"封禅"，"封"是祭天（皇帝登上泰山筑坛祭天），"禅"为祭地（多指在泰山下的小丘祭地）。这是中国古代帝王在太平盛世或天降祥瑞时祭祀天地的大型典礼。唐以前，只有秦始皇、汉武帝等几个帝王举行过这种盛大的仪式。

对古代帝王来说，这个仪式意味着文治武功达到了极盛，太宗当然很想去做。魏徵反对举行封禅大典，唐太宗很不高兴，便厉声责问："你不让我去东封泰山，难道朕的功绩不高吗？德行不厚吗？天下未安吗？远夷不慕义吗？嘉瑞不至吗？年谷不登吗？何为而不可？"唐太宗一连串向魏徵提了七个问题。魏徵逐一回答了太宗的质问。随后他又提出一个重要的现实问题，他说："现在，伊河、洛河以东，直到泰山，灌莽巨泽，苍茫千里，人烟断绝，鸡犬不闻，道路萧条，进退艰阻。"太宗无言以对，只好作罢。这说明，直到贞观十三年时，河南到山东一带仍有大量的荒地。

显庆二年（657）十月，唐高宗到许州（今河南许昌）、汝州（今河南汝州）巡视，发现当地人口很少，便对随行的杜正伦说："这里土地极多，而百姓太少了。"上述情况说明，隋末唐初时，农业生产极度萧条，大片良田抛荒，唐政府手中掌握着相当数量的官田荒地。

再从户口情况来看，问题更加严重。隋炀帝大业五年（609），全国有890多万户。由于隋末战乱的影响，到唐高祖武德年间只有200余万户，不到隋朝的四分之一，充分说明人少地荒的情况。

荒地的大量存在，说明农业生产极度衰败。通过实行均田制，可以把无业农民和大量荒地结合起来，以便征收更多的租调力役，这是唐政府要继续实行均田制的根本原因。

二、均田制的内容

（一）唐代均田制的内容

1. 关于黄、小、中、丁、老的规定：唐朝根据年龄大小将一般编户的男子从小到老区分为黄、小、中、丁、老五个阶段，其中最重要的是中男和丁男的年龄。

武德七年规定：男女3岁以下为黄，4岁以上为小，16岁为中，21岁为丁，60岁为老。即16~20岁为中男，21~59岁为丁男，60岁及以上则为老人。

2. 狭乡、宽乡及人口迁徙：唐均田令规定，凡是某个州、县辖区内，授田都达到标准就是宽乡，而授田不足者则为狭乡。给百姓授田时，狭乡和宽乡的授田标准差别很大。

人口迁徙与实行均田制关系密切。唐政府规定：居住在狭乡的百姓可以迁往宽乡；居住在边远地区的人，可以迁往近地；从徭役轻的地区可以迁往徭役重的地区，但是不能反方向迁徙。

3.授田对象及数量：唐朝规定丁男、中男、寡妻妾、道士、女冠（女道士）、僧人、尼姑、官户、工商业者这几种人，具有授田资格。他们都是均田制的授田对象，具体授田数量如下：

丁男及18岁以上的中男，授田100亩，其中80亩为口分田，20亩为永业田；老男、笃疾、废疾，授田40亩。一般妇女无授田资格，但唐政府规定，守寡的妻妾可以授田30亩，如果是户主的话，则可以授田40亩，这体现了唐政府对这些特殊妇女的照顾。

道士、僧人为30亩；女冠、尼姑为20亩。官户授田数量只有普通百姓的一半。在宽乡的工商业者可以授田，但比农民减半授给；在狭乡的工商业者则不授田。

4.授田时间及授田原则：每年10月开始授田，12月结束。关于授田原则，唐政府规定了具体的授田顺序：先给课户授田，后给不课户授田；先给贫穷者授田，后给富人授田；先给无田者授田，后给田少者授田。

5.关于土地买卖的规定：口分田原则上禁止买卖，违者治罪；但如果用于住宅、碾硙、邸店之类，口分田也可以买卖。此外，永业田、赐田、勋田也可以买卖；百姓从狭乡迁往宽乡，永业田及口分田都可以出卖。

6.官吏授田办法：唐代官吏授田分为永业田、职分田、公廨田。

贵族和官僚所授永业田面积如下：亲王100顷；郡王50顷；国公40顷；郡公35顷；县公25顷。职事官一品60顷；从一品50顷；二品40顷。

除永业田外，官员还可以享有职分田，按官员品级高低授田。各级官员所授职分田数量如下：京官一品者12顷；二品10顷；三品9顷；四品7顷；五品6顷；六品4顷；七品3顷50亩；八品2顷50亩。

职分田实行"更代相付"的制度。职分田所有权属于国家，官员只是拥有职分田的使用权，可以获得职分田的地租收入，一旦离任，职分田就要转交给下一任官员。

唐政府还给各级官府分配一定数量的土地作为公廨田，例如司农寺给田26顷，殿中省25顷，京兆府、河南府各17顷，吏部、户部各15顷，刑部、大理寺各12顷。地方各级政府也有公廨田，如大都督府40顷，中都督府35顷，上州30顷，上县10顷。

（二）和前代相比，唐代均田制发生了很大变化

1. 成丁年龄有所变动。隋文帝开皇三年（583）为20岁成丁；唐朝规定16岁以上为中男，21岁成丁，60岁为老。这意味着课役对象——丁的年龄限制放宽了。

2. 授田对象有所增减。唐代除寡妻妾以外的一般妇女、官户以外的一般奴婢和牛都不再授田，而在前代，妇女、奴婢和耕牛都有授田资格。但是唐代也增加了几种授田对象：僧、尼、道士、女冠和工商业者。这些人在以前没有授田资格。为什么会有这些变化？是由于前代妇女授露田只有丁男的一半，而一夫一妇所交的租却是单丁的两倍，于是造成"籍多无妻"的怪现象。所以到隋炀帝时，女子

就不授田了；唐代女子既然不再服役，也就不再授田了。经过隋末农民战争的冲击，大量奴婢摆脱了原来的身份，而官僚地主更普遍地获得大量土地，所以通过奴婢和耕牛来授田的办法也就不必使用了。隋唐以来，由于寺院和商人都占有大量土地，所以唐代均田令把这个既成事实合法化，从而使僧尼道士和商人也成为授田对象。

3. 唐代均田制下，官吏授田更加完备。在唐代，有官爵、官勋、职事官和散官等，自一品到九品、从中央到地方各级官吏普遍可以授田，官越大授田越多。

4. 唐代对土地买卖的限制比前代进一步放松。北魏时，只有永业田在不足或有余的情况下，可以买进不足部分或卖出多余部分，北齐、隋朝时略有放宽。唐朝不但永业田可以买卖，就是口分田在一定条件下也可以买卖，如迁居宽乡或卖为园宅、碾硙和邸店时。可见唐代对土地买卖的限制远比前代松弛，这就给土地兼并和大土地私有制的发展提供了方便，导致土地兼并日趋严重。

5. 唐朝均田制对府兵制下的官兵给予优待。唐朝规定："为国捐躯者，其子孙虽未成丁，其所授之地不用还给政府。在战争中受伤或因打仗而导致笃疾、废疾者,也不减少他们的田地,允许其终身拥有。"这显然是对府兵的优待。

这些变化大都开始于隋而完成于唐。官吏授田办法的完备化,土地买卖限制的放松,显示出大土地私有制日益占据优势,均田制也即将完成它的历史任务了。

(三)均田制的实施情况及作用

唐朝并不是把全国所有土地都拿来实行均田。如屯田、营田、牧地、地主和自耕农的私田,这些土地都不会用来均田。所以唐朝实行均田制时,授田不足是一个普遍存在的问题。一般说来,宽乡可能实行得较好一些,狭乡地区百姓授田不足的情况可能较为严重。

有一天,唐太宗到灵口(今陕西临潼)巡幸,发现这里村落稠密,便问农民授田有多少,农民回答说:"我们授田都达不到政府规定,一个丁才授田30亩。"武则天时,狄仁杰上奏说:"彭泽(今江西彭泽)可耕地很少,百姓所营之田,一户不过十亩、五亩。"

从敦煌户籍残卷所载各户授田情况来看,普遍授田不

唐太宗像

足，韩国磐曾做过统计，敦煌地区平均每丁仅可得田 34.95 亩。

无论如何，唐朝实行均田制对于唐初社会经济的发展起到显著的促进作用，因为通过均田制，可以使无地或少地的农民多少获得一些土地，将那些无业人口固定在土地上。可以说，均田制是当时将土地和劳动力结合起来的最好办法。总之，均田制的实行，增加了自耕农数量，推动了荒地的开垦，从而使农业生产迅速恢复和发展。

第二节　从租庸调到两税法：赋役制度的变化

以公元780年为界标，可以把唐朝的赋役制度划分为前后两个阶段：唐前期最基本的赋役制度是租庸调法，此外，百姓还要交纳户税、地税及其他杂税；唐后期，两税法是最基本的赋税制度。

一、租庸调法

租庸调的征收与男子是否成丁密切相关，所以首先简要说明唐朝关于成丁年龄的规定。其中与赋役密切相关的是丁男和中男的年龄。武德年间规定：年满16岁为中，21岁为正丁，60岁为老。此后，直到玄宗天宝三载（744）的约120年中，绝大部分时间都遵守唐初的规定。

唐政府曾先后三次颁布租庸调法，第一次是唐高祖武德二年（619）二月，第二次是武德七年（624），第三次是玄宗开元二十五年（737）。

唐朝时，并不是人人都必须给国家交纳赋税、承担徭役。唐朝赋役令规定，有些人可以免除赋役，有些人则必须承担赋役。唐政府把全国百姓区分为"课户"和"不课户"两类，凡是一家之中有"课口"的就是课户，没有"课口"的就是不课户，课口就是承担赋役的丁男。

唐朝时，可以免除课役的人有以下几类：第一类，皇室及内命妇一品以上的皇亲。第二类，五品以上的文武职事官的父祖子孙以及国公以上的父子。第三类，内外文武视流内九品以上的官员。第四类，官府所用诸色职掌人；孝子顺孙、义夫节妇及同籍者。并不是说孝敬父母就可以免除赋役，而是孝行特别突出，经过官府考核、申报，官府正式认定的孝子顺孙，才可以免除赋役。第五类，卫士。第六类，男子20岁以下、老男、废疾、笃疾、妻妾、部曲、客女、奴婢。第七类，僧、尼、道士、女冠。这七类人都是"不课户"。除此以外，其他所有人都必须承担租庸调，所括六品以下官员及各级下层胥吏的家属、没有官职的地主、工商业人口、农民，都要承担租庸调，这些人就是"课户"。一般说来，广大农民是负担租庸调的课户，王公官僚则是不课户。

租庸调包括三项内容：一个丁男每年缴纳粟 2 石，这是"租"。一个丁男每年服役 20 天，闰年再加 2 天，即闰年服役 22 天；如果不服役，可以用纳绢的形式代替服役，具体折算标准是每天折纳绢 3 尺，20 天折纳绢 60 尺，这就是"庸"，就是"输庸代役"。一个丁男每年应给政府缴纳绫、绢、𬘓任意一种 2 丈，绵 3 两。无丝织品的地区，百姓每丁每年缴纳布 2 丈 5 尺，麻 3 斤，这是"调"。在实际缴纳时，还可用其他东西代替，就是"折纳"，例如岭南等地就是以白银折纳庸调的，并已发现具体的实物证据。唐前期实行的租庸调法，内容大体如此。

新疆吐鲁番出土的唐代庸调布

唐前期实行的租庸调法，其征税原则是"计丁征租"，完全按丁征收租庸调。就其中的"租"来说，唐代均田令规定，丁男、中男在宽乡和狭乡的授田数量并不相同，然而在承担赋役时，却没有任何区别，一律是每男征

021

租2石。而在西州（今新疆吐鲁番）地区，一律是每男征租6斗。均田令规定，工商业者在宽乡授田仅为农民的一半，在狭乡干脆不授田，但他们仍然是每丁交租2石。从敦煌保存的唐代户籍文书来看，各户农民的人口数量并不相同，"已授田"数量也有多有少，但这些农民一律是每丁缴租2石。可见，农民授田数量不同，每户人口多少不一，计丁收租2石的原则是一致的。在西州地区，农民授田数量也同样相差悬殊，每丁交租却一律是6斗。总之，计丁征租在唐前期实行租庸调时是一项普遍的原则。

唐朝赋役令规定，遇到水、旱、虫、霜等自然灾害，则按照农作物受损失的程度减免租庸调：如果自然灾害导致农作物损失40%以上，可以免缴纳"租"；损失达到60%以上，免除租和调两项；如果损失达到70%以上，则租、调、庸全部免除。

丁男服役（正役、杂役）超过一定期限，也可以免缴租、调。丁男每年服役的期限为20天，如果因为政府有重大工程，要让农民延长服役的话，就根据延长的时间对租、调进行减免。在服正役20天以外，延长服役15天，可以免除

"调"；如果延长 30 天，则将租和调全部免除。一个丁男连同正役在内，每年服役不得超过 50 天。凡是兵役、劳役、杂差科很重的地方，有时也可以暂时免除一两年的租税。

唐代法令规定，纳税期限是以粟为准，当时所种粟谷可分早、晚两个品种，早粟在六、七月收获，晚粟通常在八、九月乃至十月初才收获。

唐代农民向国家交租，要自己运送到官府指定的地点。州县集中大批租粮后，再定期把它输送京师，或者在朝廷指定的地点储藏。丁租的运输费用，通常是由税户承担，称为"租脚""脚钱"。

岭南道怀集县庸调银饼

岭南道浛安县庸调银饼

岭南道罗江县庸调银饼

二、户税

唐前期，百姓除了缴纳租庸调外，还要承担户税和地税。唐德宗实行两税法时，地税和户税合并到两税当中。唐代的户税有两个特点：一是按户等高低计户征税；二是征收货币，所以户税也称为"税钱""户税钱"。

既然唐朝按户等高低征收户税，这里就先谈谈唐代的户等制。北齐文宣帝在位时（550—559），创立了九等户制，并规定百姓按户等高低交纳不同数量的钱币。隋文帝时，高颎奏请实行"计户征税"的办法，以便给官员发放官俸，隋文帝采纳了这一建议。唐高祖于武德六年（623）规定，将全国百姓划分为三等户。武德九年，因为三等户难以区分贫富差异，又将三等户改为九等户。

唐朝向百姓征收户税，与为官员发放"俸料钱"有密切关系。唐太宗贞观年间规定各级官员的俸禄如下：京官正一品700石，从一品600石，正二品500石，……正八品67石，正九品57石，从九品52石。除此以外的收入便是俸料钱，也称"俸钱"。俸料钱用货币发放。如何筹措这笔俸料钱呢？早在隋文帝时，有人设计了一种公廨钱制度：政府给各级官府提供一笔本钱，由专人放高利贷，然后用利息收入给官员发放俸料钱。唐朝沿袭了这一制度。公廨钱制度存在不少弊端，因而遭到不少人反对，曾几次被废除，但不久又恢复了。

唐高宗永徽以后，正式出现了"税钱"这个词。唐高宗下令向全国百姓征收一年的"税钱"，然后作为本钱收取利息，再用利息收入作为"在京文武正官"官俸的资金来源。当时，在京文武百官（不含员外官）的俸料钱多达153720贯。地方官的俸料钱则用公廨田的收入以及利息来支付。

仪凤二年（677），唐高宗规定：王公以下，一律"率口出钱"，用这笔收入给所有官员发官俸。这样，地方官的俸料钱也有了资金保障，说明户税的使用范围扩大了。另外，王公百官也要交纳户税，说明户税的征收范围比以前更加广泛。

玄宗时，户税制度发生了很大变化：

第一，将户税分为"大税"、"小税"和"别税"。大税三年征一次，税额150万贯；小税每年征收，税额40

万贯；别税每年征收，税额80万贯。

第二，户税的征收"各有准常"，说明户税已经成为一项制度化的税收。例如，三年征收一次大税，每年征收一次小税和别税等。

第三，户税的用途明显扩大。大税和小税明确注明"以供军国传驿及邮递之用"；别税80万贯则"以供外官之月料及公廨之用"。此外，户税有时还用于常平仓的购粮经费。

第四，户税出现了一年两次征收。早在玄宗时期，户税就已经分为两次征收。在吐鲁番出土的文书中，有关户税的征收出现了"前限"与"后限"、"第一限"与"第二限"等。

第五，户税收入大为增加。高宗永徽年间，全国户税收入只有153720贯。玄宗开元年间，平均每年户税收入达170万贯；天宝末年，每年户税收入达200多万贯。

代宗大历四年（769）对户税制度进行了重大改革，主要有以下几个方面的内容：

第一，明确规定王公以下到普通百姓都按户等交纳户税，纳税者的范围比以前更加广泛。这次户税改革规定，交纳户税者包括王公贵族、现任各级官吏、地主、工商业者、前资、寄庄户、寄住户、各种浮客以及诸道将士。这种几乎所有人都要交纳户税的状况是户税史上前所未有的。

第二，品官按照各自的官品比附相应的户等纳税，一品官按一等户纳税，九品官按九等户纳税；如果一户的家庭成员分别在几个地方做官，则要在各自任官的地方按官品高低纳税。如下表所示：

等　级	户　　等	官品等级	户税额
一	上上户	一品	4000文
二	上中户	二品	3500文
三	上下户	三品	3000文
四	中上户	四品	2500文
五	中中户	五品	2000文
六	中下户	六品	1500文
七	下上户	七品	1000文
八	下中户	八品	700文
九	下下户	九品	500文

第三，大历四年规定的各等户所交纳的户税额，比天宝年间明显增加。天宝年间，八等户、九等户户税额分别为 452 文、222 文；大历四年，分别提高到 700 文和 500 文。八等户的户税额比天宝时增加了 54.87%，九等户则提高了 1.25 倍。

第四，各种"浮客"及"权时寄住户"等，根据其拥有财产的情况，分别按八等户和九等户交纳户税，财产较多的按八等户交税，财产较少的按九等户交税。"浮客"就是由于种种原因而背井离乡的人，又称"逃户"或"客户"。这次户税制度改革，要求"浮客"和临时寄住户等一律承担八等户或九等户的户税。

第五，工商业者承担的户税要比过去提高两等。大历四年规定，拥有邸店、行铺、炉冶的工商业者，要按照本人的户等，再提高两等交纳户税。一个工商业者如果是七等户，则要按五等户交纳户税。经过这次改制，工商业者的户税负担明显加重了。

第六，诸道将士拥有的庄田，一律按九等户交纳户税。这显然是优待各地的将士，因为他们为国守卫边防，不能同一般百姓交纳一样的户税。

经过这次改革，唐代的户税制度更加完善，也更加严密。按照这个规定，一切拥有财产的人，不论其职业状况和封建等级的高低，原则上一律纳入了缴纳户税的范围。当然，在具体实践中能否认真执行，则是另外一个问题。

三、地税

唐代地税来源于隋代的"义仓"。地税是由义仓粟演变而来的。

隋文帝时创立了义仓制度。起初，义仓的具体做法是：每年收获之后，政府鼓励百姓交纳粟或麦，并在当社建造专门的粮仓，贮藏百姓交纳的义仓粮。义仓粮的管理由当地"社司"负责。当社有饥馑时，就可用这些粮食赈济。从义仓粮的来源和用途来看，是取之于民而用之于民。所以当时的义仓属于民间贮粮备荒的性质，还不是一种赋税。

唐代的义仓制度直到贞观二年（628）才正式建立。贞观二年，戴胄建议设立义仓，唐太宗认为很好，便命令有关部门讨论具体的实施办法。户部尚书韩仲良代表户部

戴胄像

提出了具体的实施办法,主要内容有:1.义仓粮的征收对象,包括王公以下所有拥有土地的人,即王公贵族、官僚、地主及自耕农,还包括没有土地的商人。2.缴纳数量是每亩2升;商人们则按户等高低缴纳,最高的一等户缴纳5石,最低的九等户缴纳5斗。义仓粮食主要用于赈济饥民;其次用于借贷,农民如果缺少种子,便可以借贷,秋收后还给官府。3.义仓由官府负责管理,贮之州县,以备凶年。

永徽二年(651)闰九月规定:废除原来按亩征收义仓粮的办法,而改为按户等征收,即由原来的"据地取税"改为"率户出粟",并且规定了最高税额:上上户交纳5

石。按过去"亩纳二升"的标准计算，只相当于250亩的税额。

直到武则天统治前半期，义仓所藏粮食仍不许杂用。这时，义仓粮仍然主要用于救荒和借贷，不许用于其他方面。唐初至武则天前期，政府的各项法令大都能被认真执行，义仓粮的管理还比较规范。但从中宗神龙以后，宫廷生活奢侈，大造佛寺，财政开支日益紧张，于是唐政府便开始大量动用义仓的粮食，不过当时仍然用"贷"或"借"的名义。

开元二十五年（737），唐玄宗改革义仓地税制度，其内容可以概括为以下几点：

第一，凡王公以下至平民百姓，都要按耕地面积交纳地税，每亩交纳2升，这样就恢复了唐初以来按亩征收的旧办法。没有田地的商人，按户等征收地税：上上户每年缴纳地税5石，上中户4石，上下户3石，中下户1石，下上户7斗，下中户5斗，下下户免征。

第二，宽乡和狭乡的征收方式有所不同，即"宽乡据见营田，狭乡据籍征"。凡是拥有耕地的人，每年按户编制出"青苗簿",登记已授田和"借荒"等耕地数字,由乡、里向县级官府汇总,由各州在每年七月以前向朝廷报告,然后在秋收时据此征税。

第三,不仅私有土地必须交纳地税,新开荒地和承租官田、私田也要交纳地税。

第四,地税的减免:灾荒年份,作物损失四成以上,地税减半征收;损失七成以上,则地税全免。对于按户等征收的商人,九等户免征地税;对于逃户和边境地区的少数民族原则上不征收地税。

第五,关于粟与稻谷、稻与糙米的折纳比例:不种粟的地方允许交纳其他粮食,它们一律用粟来计算,具体折算的比例是:稻谷1斗5升折粟1斗;稻3石折糙米1.4石。

唐朝每年的地税收入有多少?据杜佑估算,天宝年间每年地税收入1240万石,丁租收入为1640万石。安史之乱前,地税在唐朝财政收入中已经占有相当重要的地位。763年,安史之乱初步平定,唐政府立即下令:地税仍然按照过去的标准,每亩缴纳2升。来源于义仓的地税,从此名正言顺地列入国税,而不再有义仓之名。

四、两税法

大历十四年（779）五月，唐代宗去世，儿子李适继立，就是唐德宗。当年八月，德宗任命杨炎为宰相。杨炎上任后面临的财政危机相当严重。

安史之乱后，租庸调法越来越不能适应社会经济的巨大变化，存在种种弊端，杨炎对此有着深刻的认识。他上奏说："开元以后，人口增加，有的人丁已死，有的则逃亡外地，造成户籍登记不实；田主不断变化，很多农户失去田地，因此户籍登记的土地不符合实际；人们的贫富升降也发生了巨大变化，这就与原来各家的户等很不一致。户部仅凭借这些脱离

唐德宗像

实际的旧籍征收租庸调，怎么可能符合实际？租庸调法产生弊端已经很久了！"杨炎认为最大的问题是，农村人口与土地占有的实际情况发生了巨大变化，而户籍文书却一仍其旧。租庸调法的征税原则是"以人丁为本"，而官府连各家的人丁有多少都搞不清楚，根据它来征收租庸调，自然也就弊端丛生。

杨炎认为："安史之乱后，战乱不断，兵役沉重，加上饥荒灾害不断，导致人口大减；各地方镇又纷纷自相征调，互不相让，征收赋役的机构越来越多，而且所收赋税不解交中央。""赋役的名目多达数百，宣布废除的并没有废除，重复征收的税目也没有清理，结果旧的税目没有去掉，新的项目又不断增加，各种征敛不断积累。为了完成纳税任务，老百姓只能鬻妻卖子。那些富人或人丁较多的户，则想方设法规避国家赋役；穷人收入无几，但人丁数字仍然存在，承担的赋役就越来越重。结果，国家并未收到多少税，而穷人赋役负担却不断增加，只好逃亡外地，成为浮客。"

杨炎的分析的确很深刻，他已经抓住了当时户口逃亡严重、土地集中、国家财政收入减少的主要根源。唐德宗听后连连称赞,说他分析得有道理,许多大臣也赞同他的看法。

为此杨炎总结了当时各地税制改革的成功经验,提出了一套完整的税收改革方案。大历十四年年末,杨炎上奏请求将唐初以来的租庸调法改为两税法。唐德宗觉得这个新的税制很好,便采纳了他的建议。建中元年(780)正月初一,唐德宗正式向全国颁布了新的税法,这就是我国历史上基本沿用了八百年之久的两税法。两税法包括以下几方面内容:

第一,两税法实行"量出以制入"的征税原则:所有的税收,不管是百役之费,还是一钱之敛,都必须先做好预算,然后才能向百姓征收。实行两税以后,全国没有统一的、固定的税额,一般根据上年开支的情况,制定下一年的应征收税额。这和租庸调时代"计丁征租"的征税原则很不相同。当然,全国没有统一的税额,并不是说各地征税都毫无准则。

第二,所有赋税均合并在两税之中,即"丁租庸调,并入两税"；以前的各种杂税一律停止征收，即两税以外不再征收一切杂税。两税的核心是地税和户税。地税是按亩征收。田亩税以大历十四年垦田数为准而均征之。两税法没有确定固定的税率，而是由各州根据当年应交纳的地税总额向下分摊。户税的征收原则是：不论主户、客户，也不再区分中男和丁男，一律都要按各户的资产多少缴纳户税。

第三，行商按三十税一征收商税。三十税一，是指按商人携带货物价值的1/30征收税款。这是中国古代正式将商税列入国税的开端。

第四，两税分为夏、秋两次征收。夏税六月缴完，秋税十一月缴完。

第五，两税法虽然取消了计丁征税的办法，但是对人丁的管理并未取消。实行两税法后，各州县仍然要按以前的规定，申报各州县的丁额数字。

第六，为了保证两税法的权威性，唐德宗规定：在两税之外，所有的新旧征敛一概废除，两税外擅自征取一钱，即以枉法罪论处。

两税法规定，两税由中央政府的尚书度支总统，赋役的规划、征收由中央政府统一规划和宏观把握，各级地方政府只能在尚书度支的规划下具体实施。这样就使中央政府真正控制了经济大权。实行两税法后，唐朝的财政收入和财政支出则实行两税"三分法"，即由中央政府与地方藩镇共同分享国家的两税收入。具体来说，就是将两税收入及支出分成上供、送使和留州三部分，从而确定了中央政府、藩镇和州县三级分配构成。"上供"就是将两税收入的一部分送到京师长安；"送使"就是各州县将两税收入的一部分送给当地的节度使、观察使；"留州"就是将两税收入中的一部分留在当州，供当地州县支配使用。这种"划分收支、定额管理"的税收原则，比较合理地解决了当时财政税收中的矛盾，在中央财政宏观控制下，使地方财政收支有一定的自主性。

两税三分法实际上可以归纳为"二分法"，因为上供的部分属于中央财政收入，而送使和留州的部分则属于地方财政收入。中央和地方政府分成比例到底是多少呢？据唐人杜佑记载，建中初年，"每岁天下共敛三千余万贯，其二千五十余万贯以供外费，九百五十万贯供京师"。据此计算，上供部分约占两税收入的31.7%，送使和留州部分约占68.3%。

两税法有一个重要特点，即无论州县还是个人，两税定额都用钱币计算，而实际缴纳时则既可以直接缴纳钱币，也可以折收绫、绢等实物。这样，物价的变动就会对纳税者的负担有很大影响。

实行两税法以后，掌管夏、秋两税事务的长官为两税使，多以盐铁转运使兼任。两税法开始执行时遇到了极大的阻力，一些因循守旧的人认为租庸调法已经实行了四百余年，不能轻易改变。

两税法是我国古代赋税制度的一次重大变革，它是适应均田制崩溃之后，农民流亡、田亩不实、帝国财政收入困难的现状而产生的。这种税法本身具有一定的进步性与合理性：因为按照资产、户等和贫富征收赋税，比以前的税法更加合理，从而可以部分地减轻贫困百姓的赋税负担，缓和社会矛盾。另外，由于两税法以货币计算征收，农民为了缴纳货币税，不得不出售更多的农产品，这样就使农民与市场的联系更加紧密。所以，两税法具有刺激商品经济发展的积极作用。

两税法实行之初颇有成效。建中元年年末就有了1300多万贯的两税收入，这比实行两税法以前唐王朝的全部财赋收入还要多出100万贯。这一年，唐朝全部财赋收入达到了3000余万贯，是开元、天宝以来最好的一个年份。可见它对增加唐朝中央政府的经济实力起到了积极的作用。

唐朝以后，直到明朝中叶实行一条鞭法前，田赋都分为夏、秋两季征收，并沿用两税的名称。当然，其具体内容与唐朝两税法有所不同。明中叶以后，不再使用两税名称。

两税法是土地私有化完全占据主导地位的一个标志，它的实行又推动了土地私有化的发展，促进了农民人身依附关系的松动。

第三节　仓丰廪实：社会经济的空前繁荣

唐初以来，人口迅速增加，耕地面积也不断增加，水利事业取得显著的进步，农业生产工具得到改进，农业生产技术有所提高，在此基础上，粮食亩产量提高，连年丰收，粮价低廉，不论是政府还是私人，仓丰廪实，充分显示了社会经济的空前繁荣。

一、人口的迅速增加

在中国古代，农业是社会经济最重要的部门。而古代的农业生产，由于生产工具和生产技术的进步较慢，要提高劳动生产率主要依靠劳动力的增加。劳动力是农业生产力的首要因素，人口的多少便成为衡量古代农业经济发展的重要标尺之一。劳动力充足、人口增加有利于农业生产的发展；而农业生产的发展，也会促进人口的增加。

唐初以来，直至唐玄宗天宝末年，人口一直保持着旺盛的增长势头。隋炀帝大业初年，全国在籍人口达900万户左右。经过隋末十余年的战乱，大量人口死亡或逃亡外地，人口大减。

唐朝建立后，接受了隋朝兴亡的经验教训，励精图治，在经济、政治、军事、法律等方面进行了全面改革，大幅度调整社会经济关系，经济迅速恢复，人口不断增加。贞观初年，全国登记在册人口将近 300 万户，比唐高祖时显著增加。当时人口的增加既是经济发展的结果，也与大量逃亡人口回归家乡有关。贞观三年（629），户部上奏说：中原百姓从塞外回归以及突厥前后降附所增加的人口，达到 120 余万口。

贞观十三年（639），全国有了较为完整的人口统计数字。据《旧唐书·地理志》统计，这一年全国登记人口为 3120151 户 13252894 口。唐太宗去世三年后，唐朝人口增加到了 380 万户，这比唐初的人口数量增加了将近一倍。

永徽三年（652），户部尚书高履行上奏说："去年新增户数 15 万户。"高宗听后很高兴，对宰相长孙无忌说："近来国家太平无事，户口明显增多，照此速度，再过二三十年，大唐一定会达到殷实富裕的程度。"

705 年，年过八十的武则天在政变中被迫退位，中宗再次登上皇帝宝座。这一年，唐朝人口达到 6150000 户

37140000 口，这一数字已经是唐初人口数的 3 倍之多。

712 年，睿宗之子李隆基即位，史称唐玄宗。玄宗在位长达 45 年，其间社会经济迅速发展，人口持续增加。开元十四年（726），全国人口已增加到 7069565 户 41419712 口；734 年，全国在籍人口达到 8018710 户 46285161 口；740 年，增至 8412871 户 48143609 口；天宝元年（742），则为 8525763 户 48909800 口；到玄宗天宝十三载（754），全国在籍人口增加到 9619254 户 52880488 口。可见，人口增长速度一直相当快。

从绝对数看，天宝末年的户数是贞观时的 3 倍多。值得注意的是，上述数字都是唐政府直接控制的户口，据杜佑估计，如果加上漏籍不挂的众多逃户，天宝年间的实际户数至少有 1300 万~1400 万户，如果以每户 5 口计算，则实际人口当有 6500 万~7000 万口。

人口的增加，意味着农业劳动力的增加，也意味着社会的安定和国家财政收入的增加，因为唐前期是按照人口多寡征收赋税的。

二、农业生产工具的改进

农业生产工具的显著改进,对唐代农业生产的发展起了重要作用。犁是农业生产的重要工具,唐代农业生产工具的进步,首先突出地表现在对耕犁的改进上。

陆龟蒙(?—881),唐代农学家、文学家,长洲(今属江苏苏州)人,曾任湖州、苏州刺史幕僚,对江南地区农业生产十分熟悉。他撰写了一部经典性的农学著作《耒耜经》,此书共记载了四种农具,其中对唐代曲辕犁的记载最为详细。

唐以前的犁主要是笨重的长直辕犁,操作时回转困难,耕地时费力。唐初,南方出现了一种短而轻便的曲辕犁,这种新犁又叫"江东犁"。据唐人陆龟蒙《耒耜经》记载,曲辕犁由铁制的犁铧(又称犁镵)、犁壁和木

陆龟蒙像

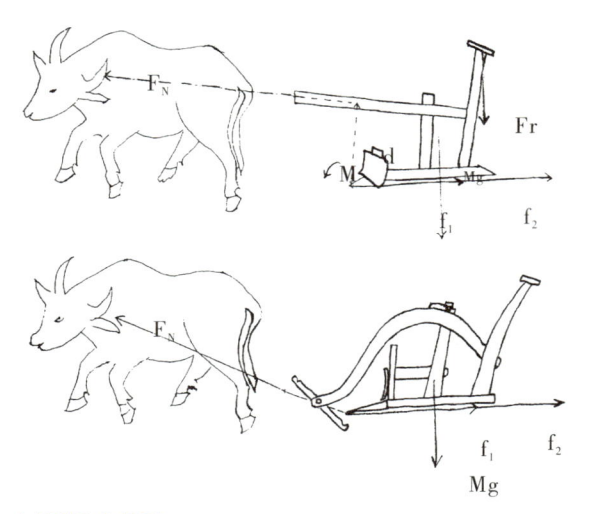

直辕犁和曲辕犁

制的犁底、压镜、策额、犁箭、犁辕、犁梢、犁评、犁建、犁盘等11个部件组成。

曲辕犁的特点是结构完善，轻便灵活，能够调节深浅，只用一头牛就可牵引，是中国古代一种先进的耕犁。与以前的步犁相比较，唐代的曲辕犁有不少重大的改进：

首先，曲辕犁增加了犁底，改进了犁铧。唐朝以前的犁，没有单独的犁底，犁底是犁梢的一部分。唐朝曲辕犁的犁底是单独的，长四尺，宽四寸。这种长犁底落地平稳，深浅固定，不容易左右摇摆，有助于装备犁箭和犁评设备，人在扶犁的时候也比较省力。

犁铧又名犁镜、犁冠、犁头。考古发现的唐朝犁铧种类很多，分工较细。据《耒耜经》记载，江东犁铧长一尺四寸，宽六寸，这无疑是一个等腰三角形。可见，唐朝的犁普遍趋向于窄小锋利，这种犁铧入土以后阻力小、耕地深，说明唐朝的犁铧已有很大的改进。

其次，曲辕犁的另一优点就是调节犁铧入土深浅的规格化。唐朝以前，控制耕地深浅的方法是用犁箭而不用犁评。在这种情况下，犁辕以上部分的犁箭，由上到下穿凿三个孔，当犁建插入偏上的孔里，犁箭下降，使犁铧入土较深；当犁建插入偏下的孔里，犁箭上升，犁铧入土较浅。

具体来说，曲辕犁的先进之处就是犁评规范化，它能进能退，有深有浅。另外，以犁评调节深浅，比简单地使

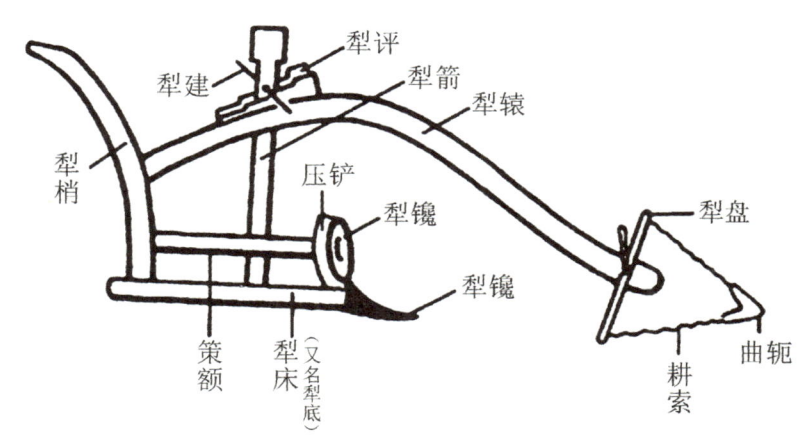

曲辕犁构造

用犁箭要优越得多。从《耒耜经》的记载来看，耕地的深度是由犁箭的长度决定的，犁箭的长度是被犁评支配的，而犁评又是套在犁箭上的，下有犁辕相依，上有犁建管制。犁箭、犁评和犁建三者既有分工，又有联系，它们是互相制约的。犁评、犁箭与犁建的联系，到了唐朝才规范化。

再次，唐朝以前一直使用直辕犁，直辕犁比较笨重，需要强悍的畜力；且直辕犁转弯幅度大，占地多。这些缺点，对于精耕细作、推广牛耕都不利。唐朝改为曲辕犁后，犁辕的长度缩短，直辕前及牛肩，曲辕犁只及牛后的犁盘就行了；犁辕缩短以后，原来很长的犁衡也被淘汰了，这样就使犁架变小，犁的重量减轻，从而使曲辕犁具有轻便的特点。犁架的这些变化，节省了人力，只要一头牛牵引就行了，对于推广牛耕非常有利。唐代曲辕犁的出现，改变了中国古代笨重的二牛抬杠方式，这是中国古代耕犁的一次重大改革。唐朝发明的曲辕犁，使我国的耕犁发展到了一个崭新的阶段，并且开始定型。

唐朝时，曲辕犁在江南地区已普遍使用，北方地区也有所推广。唐太宗贞观年间，定州工匠在制造耕犁时，特意寻求弯曲的树木做犁辕，说明该地区已通行曲辕犁。在陕西三原发现的贞观时期李寿墓壁画上的牛耕图，以及敦煌壁画上晚唐时的牛耕图，犁辕也都是弯曲的，说明在黄河流域的许多地区都已采用了曲辕犁。由于曲辕犁灵便省力，可以用单牛牵引，适合水田耕种，所以它在江南地区更是广泛使用。唐朝由于使用了曲辕犁等工具精耕细作，从而大大提高了劳动生产率。

唐朝农民在犁耕之后，还要使爬（耙）或砺礋、磟碡去平整土地，用以耙除杂草、根、杂质。砺礋只用于水田，主要用来"破块滓，溷泥涂"，或"疏通田泥"。磟碡水旱田都可以使用，还可以用于碾禾脱穗。当时还出现了铁搭（即四齿耙）、耖等掘地和弄细土块的农具。有了这些工具，就可以形成一套耕—耙—砺礋的土壤耕作技术系统。后来，由于耖和木砺礋相比形制比较简单，操作也比较方便，便逐渐代替了木砺礋，形成了耕—耙—耖的耕作技术系统，它和北方耕—耙—耱的耕作技术系统互相媲美，且各有千秋。北方的耱主要是为了土地平整和保墒防旱，南方的耖则主要是为了熟化土壤。

筒车

唐代的水利灌溉工具也有新的进步。唐代以前就已经出现了戽斗、辘轳、桔槔（井上汲水工具），唐朝时这些工具的使用更加普遍。东汉三国时期出现的翻车，唐朝时继续得到推广。

除了以上工具以外，唐代还发明了一种利用水力转动的筒车。这种筒车是一种新的灌溉工具。筒车的形状类似于纺车，用细竹制成，四周缚以竹筒之类，随水流而自行旋转，竹筒在低处舀水，至高处泄水，入渠灌田。杜甫《春水》诗"接缕垂芳饵，连筒灌小园"中所称的"连筒"，就是指筒车。筒车使用自然力，而且日夜自转，因而大大节省了人力，同时也提高了生产效率。更重要的是，这种水转筒车能够把低处的水引到较高的地方，功效显著，是唐朝灌溉工具的一大进步。

三、水利事业的发展

农业生产离不开水资源，便捷而充沛的水资源对农业生产具有非常重要的意义。所以，中国古代历朝政府都对水利事业十分重视。唐代在水利事业方面也有显著的发展，对当时的农业发展产生了积极的推动作用。

唐政府非常重视水利事业，在中央政府和地方政府设置了专门机构和人员管理水利。中央政府在尚书省的工部设有水部郎中，专门负责管理全国的水利灌溉以及航运事务。此外，还有都水监和都水使者，负责管理河渠的修理和具体灌溉事宜。为了更加有效地利用水资源，推动水利事业的发展，唐政府还制定了严密的水利灌溉法规——《水部式》。《水部式》对河渠、灌溉、舟楫、桥梁以及水运等方面都有详细的规定。例如，《水部式》规定：各地的水渠和斗门置长一人，专管灌溉事宜；州县每年派员检查，视经管水利的好坏、田畴的丰歉，予以赏功罚过；处于河渠上游的人，不得专断水源；在河渠旁边设置水力碾硙，不得妨碍农田的灌溉。此外，对于斗门的设置、放水的时间、各支渠放水先后及水量的多少、不同季节麻麦

唐写本《水部式》

禾粟等各类作物用水的安排、渠道堤堰的防护修理等，《水部式》都做了详细规定。

《水部式》的颁布施行，是唐代水利灌溉事业进一步发展的表现，对于减少争水纠纷、合理用水、保障农业生产用水起了积极的作用。

唐朝时，在各地都兴建有农田水利灌溉工程，仅据《新唐书·地理志》记载统计，全国水利建设工程达264处。这些水利工程遍及关内、河南、河东、河北、山南、淮南、江南、剑南、岭南等9个道，其中163项是在天宝十四载（755）以前修建的，唐后期修建101项。唐前期修建水利工程较多的地区是河北道（54处）、剑南道（27

处)、江南道（22处)、河南道（20处）；唐后期，江南道修建的水利工程最多，达49处。

唐初以来，不少地方官吏都能积极开展水利工程建设。这些水利工程，有些是对前代旧渠重新疏浚，有的则是新建的。多数为中小型工程，大的工程可灌田上万顷，小的可灌田数十顷。北方地区的水利工程主要以开渠引灌为主，南方则偏重于排水和蓄水，东南地区尤其兴建了大批堤、堰、陂、塘等工程。沿海地区多修筑堤防以防海潮。唐代农田水利设施的大量修建，保证了农业生产的顺利发展。

四、亩产量的提高

唐代农业发展的另一个重要表现，就是农业生产集约化程度的提高。唐朝以前，尤其是十六国及北朝时期，由于战乱频繁，北方的农业生产比较粗放。唐朝建立后，随着国家的统一，社会比较安定，农民可以安心从事生产，精耕细作的农田越来越多。不少地区的农民在麦子收获以后，继而种禾粟等作物，可以做到二年三熟。南方地区的农业种植技术在唐代更加进步，这个时期，高产作物水稻的种植面积比前代大大增加，并广泛采取育秧移植的栽培技术，同时还大量栽培早稻，为在同一土地上复种麦子或其他作物创造了条件，因而唐代南方已通行两年三熟制，有的地方甚至可以一年两熟。

由于农具的改进、水利灌溉事业的发展、农业生产集约化程度的提高，唐代农业生产的亩产量也比前代有了显著提高。在一些水利条件较好、土壤较肥沃的地区，亩产最高可达 10 石。贞观二十三年（649），河东道龙门县县令长孙恕开凿十石垆渠，由于土地肥沃，又有良好的灌溉条件，结果亩产量达到了 10 石。当然这是极少见的例子，但是一般亩产量也在 2 石左右。大体说来，唐代的亩产量比两汉时高一倍。

五、耕地面积的增加

耕地面积增加是农业生产发展的重要标志之一。自唐初以来，唐政府大力实行鼓励农民垦荒的政策，大大调动了广大农民的积极性，加速了全国范围内垦荒的进程，从而使唐朝的垦田面积大为增加。

杜佑在《通典》一书中估计，天宝时，全国的耕地面积为 620 余万顷，也就是 6.2 亿亩（唐亩）。其实，这只是唐政府所能掌握的垦田数,并不是实际耕地面积。据汪篯先生估计,天宝时期的实际耕地面积在800万顷至850万顷之间,亦即8亿~8.5亿亩(依唐亩计算),比汉代的耕地面积大约增加了50万顷到90万顷。唐代人口与汉代差不多,但唐代耕地面积有所扩大,因而每个农户占有耕地相应地高于汉代。唐代耕地面积的增加,充分说明当时的农业有了很大发展。

六、物价低廉

隋末唐初,战火不断,大片良田抛荒,农业生产遭到极大破坏,农产品供应极为紧张。在此背景下,粮价急剧上涨。隋末,洛阳一斗米竟然卖3000钱,许多人被饿死。直到唐初,粮价仍然很高。贞观元年(627),关中发生饥荒,一匹绢才能买一斗米!这时唐朝建国已经十年了,作为京城所在地的关中地区,竟然还存在这么高的粮价,唐太宗深感紧张。

从贞观三、四年开始,物价急剧下降。贞观三年,关中农业生产大获丰收,后来又连年丰收,于是粮价直线下降,结果一斗米才卖三四文钱。唐高宗以后,农业生产继续发展，物价特别是粮价一直保持较低水平。唐高宗永徽五年（654），洛阳一斗米只用两钱半就可买到，粳米一斗只卖11文。

唐玄宗开元、天宝年间，唐朝的社会经济达到了最繁荣的时期，这一时期因为农产品供应充足，物价水平十分低，而且这一时期的物价也较为稳定。

开元十三年（725），由于连年丰收，东都洛阳一斗米卖10文钱，而在粮价最低的青州（今山东青州）、齐州（今山东济南），一斗米只卖5文钱，一斗面卖32文，1匹绢212文。开元、天宝时期的物价始终很便宜。这一现象正是唐朝社会经济高度发达的直接产物。

七、公私仓廪俱丰实——开元、天宝盛世

712年，唐玄宗即位。开元年间（713—741），玄宗重用姚崇、宋璟等具有革新精神的政治家为宰相，协助他进行改革，从而铲除了中宗以来的各种弊政，适度地调整了封建制度的统治机能，促使社会经济迅速发展。广大劳动人民辛勤劳动，兴修水利，改进生产工具，农业、手工业生产迅速发展，商品经济空前活跃，唐朝与世界各国的

商业贸易和政治、文化往来更趋兴旺发达。唐王朝政治局势长期稳定，周边地区也久获安宁，政通人和，国泰民安，天下大治。唐王朝进入了一个空前繁荣富强的鼎盛时期，史称"开元盛世"，或与天宝年间合称"开元天宝盛世"。明清之际著名的思想家王夫之从中国历史的兴衰演变中得出这样一个结论："开元之盛，汉、宋莫及。"的确，开元、天宝时期不愧为中国封建社会的黄金时代。

唐玄宗画像

对于开元、天宝盛世的繁荣，当时人又有什么样的印象和感受呢？

唐肃宗时的著名文学家元结，生于开元初年，前半生正值开元、天宝盛世，是在开天盛世中长大的。他后来回忆说：开元、天宝年间，农民从事农业生产更加努力，甚至在高山绝壑之地也开垦出了良田；普通百姓家的粮仓里装满了粮食，几年也吃不完；长安、洛阳的太仓储存的粮食则更多，以至于发生霉变而"陈腐不可校量"。

唐代伟大的现实主义诗人杜甫，生于开元元年（712），前半生也是在开天盛世中度过的。不幸的是，他的晚年遭战乱流离之苦，所以，他对开天盛世的印象特别深刻，对昔日的太平盛世念念不忘。广德二年（764），他在《忆昔二首·二》中饱含激情地描绘了开元时期的盛世景象：

忆昔开元全盛日，小邑犹藏万家室。

稻米流脂粟米白，公私仓廪俱丰实。

九州道路无豺虎，远行不劳吉日出。

齐纨鲁缟车班班，男耕女桑不相失。

宫中圣人奏云门，天下朋友皆胶漆。

百余年间未灾变，叔孙礼乐萧何律。

…………

这首诗以诗人的语言，形象地描绘了开元时期的繁盛景象。按照这首诗的说法，开元盛世时，人口众多，即使一个小小的城镇也有上万户人家；农业生产连年丰收，粮食储备充足，不论是公家还是私人的粮仓都是满满的；社会秩序安定，天下太平，没有寇盗横行，路无豺虎，旅途平安，人们随时可以出门远行，外出时自然不必选择什么

黄道吉日；当时手工业和商业发达，到处是贸易往来的商贾车辆，络绎不绝；人们男耕女织，各安其业，各得其所；宫中天子

含嘉仓在东都洛阳的位置

奏响祭祀天地的乐曲，一派太平祥和的景象；社会风气良好，人们互相友善，关系融洽，百余年间，没有发生过大的灾祸，国家昌盛，政治清明。

杜甫在诗中说"公私仓廪俱丰实"，并不是毫无根据的浮夸之言。据唐代史学家杜佑《通典》记载，天宝八载（749），唐政府各种粮仓储藏的粮食数量如下：

"天下诸色米"总计96062220石。这一数字是折成米以后的数字，其原粮数量应为123702214石，即1.24亿石。其中，和籴1139530石；诸色仓粮12656620石，即北仓、太仓、含嘉仓、太原仓、永丰仓、龙门仓等粮仓存

057

储粮食总量；正仓 42126184 石；义仓 63177660 石；常平仓 4602220 石。

上述数字是天宝八载各种粮仓的存粮情况，其数量之大令人吃惊！至于开元中后期，各种粮仓存粮的数量与这些数字相比应差不多。

开元、天宝年间，唐政府设在各地的官仓中都储存了大量的粮食，其中关中、朔方、陇右、河北 70 余郡的官仓粮储，多者达 100 万石，少者也不下 50 万石。20 世纪 70 年代，考古工作探明发掘的唐东都洛阳含嘉仓，天宝八载的储粮量就达 5833400 石，而这个粮仓的总面积达 42 万平方米，地下式的圆形窖穴

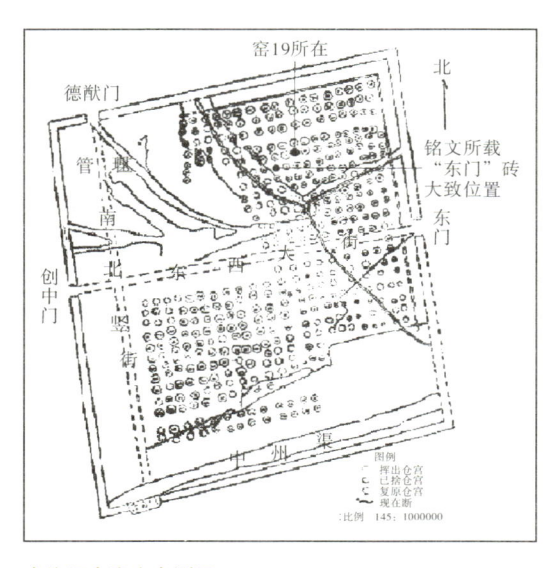

唐洛阳含嘉仓实测图

有295座，大窖能储粮2万多石，小的可储数千石。其中，160号仓窖内仍然保存着已经变质炭化的谷子，据推算，这窖谷子当年应有50万斤之多。开元初年建成的清河"天下北库"，专供北方诸军讨击突厥之用，中间经过近50年的耗用，到天宝末年还有存粮30万石、布300多万匹、帛80余万匹、钱30多万贯。由此可见当时"帑藏丰溢"的盛况。

唐代史学家刘知几的儿子刘秩，也是一个著述颇丰的史学家。他也经历了开天盛世。有一次，他经过今天的安徽芜湖，写下了著名的《过芜湖》诗：

　　百里芜湖县，封侯自汉朝。

　　荻林秋带雨，沙浦晚生潮。

　　近海鱼盐富，濒淮粟麦饶。

　　相逢白头叟，击壤颂唐尧。

芜湖只是一个不足百里的小县，汉武帝时才正式设县。隋唐以来，这里的社会经济迅速发展。刘秩在这首诗里描述了芜湖的美丽与富饶：秋天里，这里芦荻如林，沙洲成片，自然景色如画；由于芜湖靠近大海，濒临长江，交通

明《三才图会·击壤图》

方便,田地肥沃,鱼盐粟麦物产富饶,经济繁荣,老人们玩着"击壤"的游戏。

"击壤"是一个古老的游戏:把一块鞋子状的木片侧放在地上,人们在三四十步以外用另一块木片去投掷它,击中者就算获胜。击壤游戏始于上古唐尧在位的时候。当时天下太平,百姓安居乐业,于是老人们便发明了击壤游戏,在玩时口中还念念有词:"日出而作,日落而息,凿井而饮,耕田而食。"后来,击壤也就成为太平盛世的象征。从刘秩的这首诗来看,开元、天宝时期的芜湖县,人们过着歌舞升平、富裕安乐的生活。

唐政府的官仓里不仅存储了大量粮食,而且还储存了大量的钱币和绢、绵、布等各种实物。杜佑在《通典·食货典》中,根据玄宗天宝年间的"计帐"(即政府的财政收支预算表)的记载,对天宝年间唐政府的财政收入情况记录如下:

唐政府每年的户税收入有200多万贯,这项收入完全是货币收入;地税收入为1240余万石粮食。除以上两项收入以外,唐政府通过租庸调法获得的赋役收入则更多。当时,全国承担赋役的人丁820余万,他们每年给政府交纳的租庸调合计约5230万端、匹、屯、贯、石,其中粮食收入2500余万石,丝绵185万屯,绢740万匹,布1605端,货币收入为200余万贯。

第二章

手工业经济的发展

手工业是唐代社会经济中最重要的生产部门之一，它与农业和商业之间有着非常密切的关系。农业、手工业的发展，是推动唐代商业迅速发展的最根本动力。只有当手工业生产发展了，手工业者才能为市场提供更多的手工业产品，市场上的商品数量和种类才会大量增加；同时广大的手工业者又需要购买各种原材料、生产工具、生活用品等，从而增加市场上的商品需求。所以说，当农业和手工业生产发展了，市场上的商品供应和商品需求才会显著增加，商品交换才会更加活跃起来。

第一节　手工业生产的发展

一、手工业生产门类齐全

唐代的手工业生产，按所有制的不同可以划分为两种类型：第一类是官营手工业，主要为皇室、宫廷、官府、军队提供各种消费品及武器等，它所生产的产品一般不在市场出售，所以基本上不属于商品生产；第二类是民营手工业，包括个体工匠经营的各种手工业作坊以及家庭副业手工业，如地主、农民经营的手工业生产，属于私有制。民营手工业作坊生产的产品，都是为了向市场出售，其生产原料从市场购买或自己生产，因而与市场联系密切，完全属于商品生产。

唐代无论是官营手工业生产还是民营手工业生产都有显著发展。唐代的手工业生产主要包括以下生产行业：纺织业、印染业、煮盐业、盐业、酿酒业、粮食加工业、制糖业、制茶业、建筑业、造车业、造船业、陶瓷业、采矿业、铸造业、造纸业、印刷业、家具制造业、玉器加工业、编织业等。和前代相比，唐代的手工业生产门类更加丰富，生产分工更加细致。从手工业生产的技术水平、产品种类和生产规模等方面来看，唐代的手工业生产都远远超越了前代。正是唐代手工业生产的蓬勃发展，为市场提供了大量的商品，满足了社会各阶层生产和生活的需要，有力地推动了唐代商品市场的活跃。

二、手工业作坊遍布全国

在唐代，私营手工业者经营的作坊通常被称为"坊""作""铺"。这些作坊遍布于全国各地的大小城市之中，在广大的农村地区也有分布，不过数量相对较少。作坊的所有者（作坊主），有的是独立生产者，自己既是老板又是师傅，通常带领学徒及家属从事生产，这些人既是手工业生产者，同时也是商人；有些作坊主则是地主、官僚，因为在唐代有大量的官僚地主也经营手工业；而农民经营的家庭手工业特别是纺织业则相当普遍。这些手工业作坊有的规模很大，大多数的规模都比较小，但是由于中小作坊的数量相当庞大，它们向市场提供的各种手工业产品的数量也是相当惊人的。

唐代规模较大的手工业作坊,如定州(今属河北)的丝织业,在隋唐时期一直处于全国领先水平。当地上贡给朝廷的纺织品就有罗、绸、细绫、瑞绫、两窠绫、独窠绫、二包绫、熟线绫等,不论是进贡丝织品的种类、数量还是质量,都在全国名列前茅。这说明河北定州一带民间丝织业水平很高,这里的丝织品在全国享有盛誉。

　　天宝年间,在定州众多的民间丝织业作坊主当中,何明远无疑是一个颇有经营头脑的人。何明远负责管理官府的三个驿站,这些驿站位于交通要道上,往来行人众多,于是他利用这个便利条件,在驿站旁边盖起了旅店和商店,接待过往的商人和行人。当时,来往定州的外籍商人和少数民族商人很多,他就专门和这些胡商做生意,很快发家致富。何明远致富后,又购置织绫机,经营丝织业。一方面他为官府主持驿站,带有浓厚的官方色彩;另一方面他又拥有自己的旅店和商店,实际上垄断了交通要道以及与胡商贸易的特权。他把纺织的绫都卖给了胡商,获利极为丰厚。他拥有的织绫机最多时达到了500张,按此计算,工人至少在1000人左右。何明远作为一个私营作坊主，竟然拥有500张纺织机，可见这种私营手工业作坊规模很大，以至于一些现代史学家认为何明远是唐代的"资本家"，以此来证明唐代已经出现了资本主义萌芽。

唐代民营手工业作坊当中，也有不少是官僚经营的，琼山郡（今海南琼山）郡守韦公干就是一个典型代表。韦公干贪婪而残暴，他利用权势，以掠夺的方式得到了400位良家女子。这些良家女子成了他家的"女奴"，其中一大半从事手工业生产。"女奴"们有的从事丝织品生产，有的从事金银器加工，有的将珍贵木材制成家具，等等。韦公干还对她们的生产活动进行严格考核，完成任务者有奖，否则要严厉处罚。这些"女奴"并不是严格意义上的奴隶，其生产劳动有一定的报酬。韦公干经营的手工业作坊是官僚经营的私人家庭手工业，但像这样大的手工企业比较少见，是一种特殊的私营手工业作坊。

三、名牌产品众多

随着手工业生产的发展，各地出现了一大批独具地方特色的名牌产品。据唐人李肇《国史补》记载，当时仅名茶、名酒、名纸就有60种之多。益州（今西南一带）的麻纸、宣州（今安徽宣城）的宣纸、襄阳的漆器、徽州的墨、湖州的笔、邠州（今陕西彬县）的剪刀、并州（今山西太原）的铁镜、舒州（今安徽潜山）的铁器、扬州的铜镜和毡帽等，都是驰名全国的著名商品。

就拿茶叶来说，剑南的茶叶名品有"蒙顶石花"，湖州有顾渚生产的"紫笋"，剑南东川有"神泉小团"，福州有"方山露芽"，岳州有浥湖生产的"含膏"，寿州有霍山生产的"黄牙"，等等。

唐朝著名的酒则有郢州生产的"富水"，乌程生产的"若下"，剑南道生产的"烧春"，荥阳生产的"土窟春"，富平生产的"石冻春"，河东道生产的"乾和薄萄"，京城长安出产的"西市腔"，虾蟆陵（今西安市和平门外）出产的"郎官清""阿婆清""三勒浆"，等等，都是名闻遐迩的美酒，特别是剑南道生产的烧春酒，被认为是现代"剑南春"酒的源头。

毡帽是扬州人引以自豪的名牌产品，质量好，还曾救了著名大臣裴度一命。唐宪宗力图重振朝廷权威，讨伐叛乱藩镇。元和十年（815），淮西节度使吴元济谋反，宪宗委任武元衡统领军队对淮西蔡州进行清剿。淄青节度使李师道等人深感不安,于是派刺客到京城长安刺杀武元衡、裴度等主战派大臣。元和十年六月三日天色未明时,武元衡就去上朝,他刚走出靖安坊东门,躲在暗处的刺客就射灭灯笼,将他残忍地杀害。同天早晨,裴度走出通化坊时被李师道派来的刺客连击三剑,第一剑砍断了他的靴带;第二剑刺中了他的背部,刚刚划破内衣;第三剑击中头部。他受伤后从马上掉下来,掉进了路边的深沟里,因他当时正好戴着扬州出产的毡帽,这种毡帽很结实,所以砍得并不深。刺客以为裴度已死,便罢手离去。三天后,裴度被宪宗任命为宰相。从此之后,扬州毡帽的名气就更大了。

裴度画像

四、广运潭上的"展览会"

韦坚是玄宗时期的大红人,他的姐组嫁给了玄宗的弟弟李业,734年李业死后被追封为惠宣太子,他的姐姐便成了惠宣太子妃。韦坚的妹妹是玄宗的儿媳妇，成为皇太子妃。他自己的妻子则是楚国公姜皎的女儿。中外荣盛，所以他很早就当官了。开元二十五年（737），韦坚任长安令，他的才干得到了玄宗的赏识。

天宝元年（742）三月，韦坚升任陕郡太守、水陆转运使，负责唐朝的物资转运。自西汉以后直到隋朝，长安以东到潼关之间有一条长达三百多里的漕渠，专门用来转运黄河中下游和江淮地区的赋税收入。

韦坚上任后便上奏建议在咸阳将渭河水位抬高，建一个"兴成堰"，然后拦截灞河、浐河的水，使它们向东流，一直流到潼关以西的永丰仓，再与渭河水汇流。这样，从潼关转运关东地区的物资更加方便。随后，他又在长安城东九里的长乐坡下开凿了一个庞大的湖，与漕渠连接起来，可以通行舟船，这个湖被称为"广运潭"。他还在广运潭的东岸修建了高大的望春楼。

天宝二年（743），广运潭修成后，韦坚组织了一支声势浩大的船运队，船只多达二三百艘。这些船装满了来自南方地区的各种手工业品和各地特产，包括金银铜器、绫

罗绸缎、瓷器、酒具、名酒、茶叶、文房四宝、名贵药材等。每艘船上都挂有一个巨大的牌

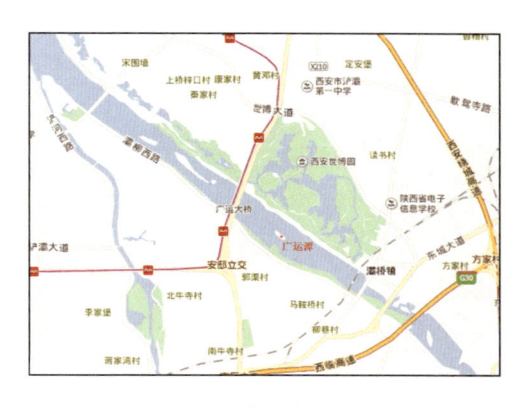

现代西安的广运潭位置示意图

子，远远望去就能看出船上运的是哪个州郡的物资。一切准备就绪后，韦坚请玄宗登上望春楼，观赏各地的手工业品和特产。这些船上装载的各地手工业精品如下：

广陵郡（扬州，今江苏扬州）船，堆积广陵所出锦、镜、铜器、海味；

丹阳郡（润州，今江苏镇江）船，堆积京口绫衫缎；

晋陵郡（常州，今江苏常州）船，堆积折造官端绫绣；

会稽郡（越州，今浙江绍兴）船，堆积铜器、罗、吴绫、绛纱；

南海郡（广州，今广东广州）船，堆积玳瑁、珍珠、象牙、沉香；

豫章郡（洪州，今江西南昌）船，堆积名瓷、酒器、茶釜、茶铛、茶碗；

宣城郡（宣州，今安徽宣城）船，堆积空青石、纸笔、黄连；

始安郡（桂州，今广西桂林）船，堆积蕉葛、蚺蛇胆、翡翠。

陕县县尉崔成甫认为，韦坚是陕郡太守，开凿了广运潭，运来了扬州等地的铜器等手工业品，这是一件值得庆贺的大喜事，便创作了一首《得宝歌》。他召集两县的官员，让妇女们高唱《得宝歌》：

得宝弘农野，弘农得宝耶！潭里船车闹，扬州铜器多。三郎当殿坐，看唱《得宝歌》！

崔成甫又创作歌词10首。他身着短后绿衫，臂上缠着锦，额头上缠着红罗，立在第一艘船上带头歌唱，又聚集妇女100余人，个个鲜服靓妆，以鼓声与笛声伴奏。其余的船排着队，跟着第一艘船，依次进入广运潭，一直开到望春楼下。船队前后相继，绵延数里，前来观赏的京城百姓人山人海，对这个盛大的场面都感到吃惊。

在望春楼上的玄宗和文武大臣更是看得笑逐颜开。这时，韦坚走上望春楼，向玄宗奏报，进献各地的手工业品和特产，然后由京兆府和长安县上奏。随后，教坊的乐队又相继演奏了许多乐曲。玄宗十分高兴，当即下诏对韦坚进行表彰，那些押运的官员也一并奖赏有加。玄宗还下令赏赐参加这次展览的船夫们2000贯（即200万钱）作为他们宴会的费用，并将这个大湖赐名为"广运潭"。

由于这次广运潭所运的物资大多来自南方，而且以手工业品为主，有的学者便将这次盛会称为南方地区"手工业精品展览会"。从这些按南方数十郡标牌手工业产品的展览会中可以看出，天宝年间南方地区手工业精品相当多。韦坚大张旗鼓地在京师长安宣传、展览南方地区的手工业精品，并不是对南方情有独钟，而是由于这一时期南方的手工业生产在全国已经处于领先水平，其产品代表着全国的最高水平。

第二节　发达的纺织业与印染业

唐代纺织业的分工非常细，在纺织工业内部就可分为丝织业、毛纺织业、麻纺织业，甚至在吐鲁番等局部地区还出现了棉纺织业；不仅有丝织品、麻织品、毛织品，甚至还出现了棉织品。

一、纺织业

唐代每种纺织品按质量高低分为很多等级，如绢分为八等，布分为九等。唐代布的种类很多，有胡女布、胡布、赀布、丝布、楚布、獠布、隔布、苎布、火麻布、葛丝布、班布、高杼布、花布等近二十种。丝织品的品种花色更多，如绢、绫、锦、绌、罗、纱、绮、縑等，简直是争奇斗艳，琳琅满目。就绫而言，就有独窠绫、瑞绫、双窠绫、细绫、白编绫、独窠司马绫等多种；就锦来说，就有大张锦、软端锦、透背锦、长行白锦、半臂锦、杂色锦等等。

罗是质地轻薄、经纱互相绞缠后呈网状孔的丝织物。

当时纺织技术水平很高，例如长安生产的罗非常精致，唐朝诗人把长安织成的罗比作天上的云彩，李商隐就曾有"万里云罗一雁飞"的诗句。唐代的罗多为花罗，如贡品中的单丝罗、瓜子罗、孔雀罗、宝花罗等。新疆吐鲁番阿斯塔纳古墓出土的唐代"白地绿花罗"，织得极为精致，是唐代花罗中的精品。这块罗经纬线细如毫发，光洁的罗面印着翠绿的枝叶，每当微风掠过时，轻罗如云雾缭绕，似香烟飘浮。

唐小团花纹锦

纱是最早出现的丝织物品种之一。南北朝以前纱都是素织，后来花织逐渐增多。纱薄而疏，透气性好，应用较广，是夏服的流行用料。唐朝纺织纱的技术也比汉朝高超。1968年在吐鲁番出土的绛色轻容纱，和马王堆出土的素纱相比，显得更加稀疏，织制精巧。当时，唐朝诗人王建《宫词》诗云"缣罗不著索轻容"，所谓"轻容"，就是细纱。

唐前期，北方地区的丝织业水平远远高于江南地区。不过，唐中期以后，江南一些原来丝织业并不发达的地区，丝织业的水平迅速提高，已经逐渐赶上甚至超过北方地区。以前，江浙一带的丝织业技术比较落后，安史之乱后，薛兼训在任浙江东道节度使时，为了迅速提高当地的纺织技术水平，下令招募军中还没有结婚的单身士兵，然后给他们每人不少钱，让他们暗地里到北方去，娶北方女子为妻。这样，他的士兵每年可以娶几百个北方女子为妻。于是，这些北方女子将北方先进的丝织业技术带到了浙江一带，从而使当地的纺织水平大为提高，花样不断翻新，

唐代绛红地朵花印花纱

这里纺织的绫和纱,在江南地区成为质量最高的丝织品。

中唐以后,吴越地区纺织的高级丝织品——缭绫相当珍贵,白居易《缭绫》诗说:"缭绫缭绫何所似,不似罗绡与纨绮。应似天台山上月明前,四十五尺瀑布泉。中有文章又奇绝,地铺白烟花簇雪。……异彩奇文相隐映,转侧看花花不定。"当时宰相李德裕认为,这种缭绫十分精致,只能供皇帝使用。

中宗的女儿安乐公主出嫁给武延秀时,四川向皇宫进献了一条单丝碧罗笼裙,裙子上用金线绣着各种花鸟,金线细如丝发,裙子上的小鸟虽然和黄米一样大小,但是它们的眼、鼻、嘴、指甲样样俱全,只有视力很好的人才能看清楚,可见当时的纺织技术是何等的高超!

安乐公主有一条宫中尚方织制的毛裙,更是价值连城。这条裙子用百鸟的羽毛织成,裙子从正面看是一种颜色,从侧面看又是一种颜色,在太阳底下看是一种颜色,在暗处看则又是一种颜色,百鸟的形态在裙子上都清晰可见。当时这种裙子只有两条,一条献给中宗韦皇后,一条给了安乐公主,《资治通鉴》说这条裙子"值钱一亿"。这条极其华丽的裙子,虽然反映了贵族的奢侈无度,但也说明唐代纺织技术的高超。

835年,唐文宗对宰相李石说:"我听说玄宗皇帝时,皇宫中有两件金乌锦袍,非常珍贵。玄宗到骊山华清宫时,才把它赐给杨贵妃穿。而现在长安的富人们,也常常穿着这种珍贵的锦袍。"锦是一种杂色丝绸,纺织时很费工夫,因此特别名贵。唐文宗距离玄宗朝约一百年,玄宗时皇宫里也少有的东西,到唐中叶以后,长安的一般富人家也有了,这充分说明唐中期以后丝织业有非常显著的进步。

二、印染业

与纺织业关系密切的印染业在唐朝时也有很大进步。唐朝时,在纺织品上印染各种图案的技术已相当发达,其中最著名的技术有绞缬、夹缬、蜡缬。所谓绞缬,就是把布料(尤其是丝织品)的局部进行扎结,防止局部染色而形成预期花纹的印染方法。它的操作顺序是,先把布料上的某些部分用针线穿缝或结扎起来,防止它染上颜色。这样经印染处理,最后布料上就出现了由深而浅、具有晕渲效果的花纹。

唐朝时期，绞缬曾风靡一时。绞缬的名称就有大撮晕缬、玛瑙缬、醉眼缬、方胜缬、团宫缬等。

夹缬印染品：绿底印花绢裙

新疆吐鲁番阿斯塔纳唐墓出土的绞缬织物上的针眼和折皱至今仍依稀可见，充分显示了唐代高超的绞缬技术。古代绞缬纺织品出土很多。1972年，阿斯塔纳177号墓中出土了一件蓝地黄点染缬纺织品，是在蓝色地上饰以黄色的不规则圆点，错行排列，每行圆点间距2厘米。此件文物采用了绞缬印染技术。在此墓中一共出土3件绞缬织物，另一件是蓝地梅花染缬绢，深蓝地，以菱形排列的圆点纹中心填七点梅花纹；还出土一件烟地鱼子缬绢，烟色地上，扎染边长0.2厘米的方格纹样。

还有一种染色工艺，叫作"夹缬"。夹缬是一种镂空型版双面防染印花技术。印染之前，先要用两块木板雕刻成同样花纹的镂空版。印染时，将纺织物夹在镂空版之间，加以紧固，将夹紧织物的镂空版浸入染缸，留有让染料流入的沟槽使布料染色，被夹紧的部分则保留本色。这种方

夹缬印染品：橙色印花绢裙

法印染出的花纹一般都是对称花纹。夹缬最早可追溯至东汉时期。唐朝时期的夹缬织物色彩斑斓，极为盛行，就连官兵的军服也用"夹缬"来做标识，唐代诗人们也留下"成都新夹缬，梁汉碎胭脂""醉缬抛红网，单罗挂绿蒙"等诗句。夹缬艺术在唐代非常盛行，敦煌莫高窟彩塑菩萨身上穿的多是夹缬织物。

说起夹缬，还有一个流传很广的故事。玄宗有一个姓柳的嫔妃——柳婕妤，柳婕妤的妹妹虽然是平民，但心灵手巧，善于钻研。她让木匠刻成镂空版，版上刻满了各种花朵，然后用夹缬的印染方法染出了精美的图案。柳婕妤过生日时，她便进宫给王皇后进献了一匹夹缬织物。玄宗看见后很高兴，很欣赏她的才艺，于是下令皇宫中也要按这种办法印染丝织品。起初这种印染技术处于保密状态，只有宫中才有，后来才慢慢地传到民间，夹缬纺织物遍于天下，连最贫穷的百姓都可能穿上这种印花织物。这个故事未必完全可信，但也说明早期的夹缬工艺可能起源于民间，后来才传入皇宫中。

另外还有蜡缬（也叫蜡染），这种染法是先在白绢上用熔化的蜂蜡画出花纹来，然后浸入蓝靛缸，再用水把蜡煮掉。这样一来，原来有蜡的地方防止了蓝靛浸入而未染上色，呈现出白色的花纹，这就是蜡染法。这种方法在唐朝时曾普遍推广于各地。

美丽的唐代夹缬

第三节　与食品相关的手工业

在唐代，与食品相关的手工业生产主要包括粮食加工业、制糖业、制茶业、酿酒业等，它们在唐代都有显著的进步。

一、粮食加工业

唐朝时,北方人吃的粮食主要是粟和小麦。要把粟碾成小米,把小麦加工成面粉,则必须用碾硙来对其进行加工。长安城人口众多,除了庞大的皇室人口、王公贵族和文武百官及其附属人员外,还有大量的流动人口。唐长安居民人口至少有几十万,最多时可能达到 100 万。因此,长安城里每天消费的小米和面粉数量肯定相当大,至少每天需要几十万斤以上。如此庞大而稳定的消费需求,促使长安的碾硙业即粮食加工业迅速发展起来。

长安的一些富商大贾看到了绝佳的商机,他们纷纷经营粮食加工业。唐代碾硙所用的动力主要是水力和畜力。当时,长安周围河渠上的私家碾硙作坊多达 100 所以上。

永徽六年(655),长孙祥上奏说:"郑白渠以前可以灌溉良田四万多顷,现在因为富商大贾竞相在郑白渠旁建造碾硙,导致灌溉面积大为减少,现在只能灌溉一万余顷。"可见长安的富商大贾经营碾硙者颇多,以致严重影响了郑白渠的灌溉效益。为此,高宗下令拆毁郑白渠上的私家碾硙,但不久又都恢复了。

唐玄宗时，宦官高力士深得玄宗信任，权势很大。他看到经营碾硙作坊有利可图，也动了心。他让人在长安城西北的沣河上开设了一个粮食加工作坊，这个作坊共有五个碾硙，以沣河水流作为动力。这个作坊每天可以加工小麦300石，按此计算，他每年就可加工小麦约10.95万石，加工的面粉之多令人吃惊。

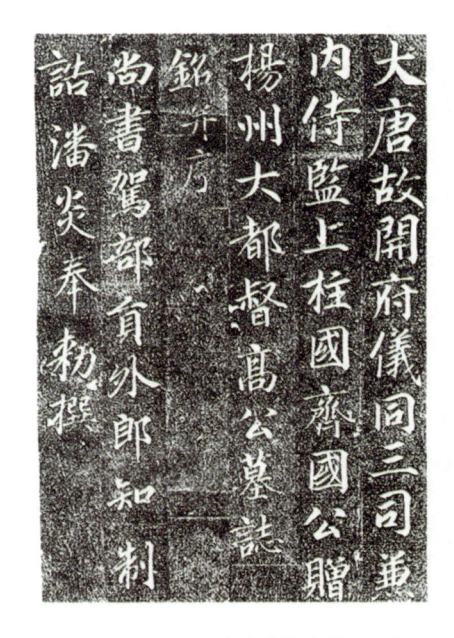

高力士墓志铭（局部）

广德二年（764），李栖筠又奏请拆去私人经营的碾硙70余轮。不料，一年后私家碾硙又都恢复了。不仅富商大贾经营碾硙业，就连王公百官、宦官、寺观也都竞相经营碾硙以获取厚利，因此私家碾硙很难禁止。代宗时，郭子仪是功勋卓著的中兴名臣，他的大儿子郭暧娶代宗之女升平公主为妻。即使这样的贵族和高官，也对经营碾硙业感兴趣。作为金枝玉叶的升平公主，其名下有两轮碾硙，称

085

作"脂粉碓",而郭子仪居然也拥有两轮碾硙。他们两人经营的碾硙作坊,谁敢去拆毁?京兆府官员没有人敢拆毁他们的碾硙,最后还是不了了之。

以上是官僚、贵族、富商经营的粮食加工业,规模都比较大。实际上,中小商人经营的中小碾硙也不少。唐宣宗时,京城长安附近的老百姓用各种办法把小麦加工成面粉,然后送进长安城里出售。后来,唐宣宗竟下令禁止普通百姓把加工好的面粉送到长安城里出售。这些私人碾硙加工生产的小米和面粉显然不是为自己食用,而是用于出售,属于典型的商品。

二、制糖业

中国的蔗糖制造最早始于何时?传统的说法认为,蔗糖创始于唐代,蔗糖的生产是从唐太宗贞观末年开始的。唐初以前,中国人还不会制造砂糖(即白砂糖)。唐太宗时,外国使者到唐朝朝贡,贡品当中就有砂糖。唐太宗问外国使者:"这是什么东西?"使者回答:"这是以甘蔗汁煎成的砂糖。"使者还大致说了砂糖的制作方法。唐太宗听后对此很感兴趣,便于贞观二十一年(647)派遣使者前往摩揭陀国（今印度的一部分），求取制糖的具体技术（熬糖法）。随后，太宗下令在扬州等地用甘蔗制作砂糖。经过反复实践，终于成功地制成了砂糖。从此以后，中国才有了砂糖。唐朝制成的砂糖，不论是颜色还是味道，都远远超过了西域所产的糖。

唐代，进贡甘蔗的地区有越州、温州、襄州、绵州；进贡蔗糖的地区有益州（今四川成都）、梓州（今四川三台）；进贡石蜜的地区有越州、虔州、巴州、永州、眉州、潞州等州。

石蜜，也叫糖霜、糖冰，其实就是现在的冰糖。冰糖原产于西域诸国，中原地区并不知道冰糖的生产方法，所以中原人把它看得很珍贵。直到唐朝时，人们才学会了制造冰糖的技术，冰糖生产大约始于唐代宗年间。关于冰糖生产技术的传播，宋人王灼《糖霜谱》记载了一个颇具传奇色彩的故事：

大历年间（766—779），有一位姓邹的和尚骑着白驴进了山里，在山边搭了个茅草屋居住。他平时生活所需的日用品，如米、盐、柴薪、蔬菜之类，如果哪样东西没有了，他便写在一张纸条上，把纸条和钱系在驴头上。驴到市场后，商人们知道这是邹和尚的驴，便按照平常价格收取钱，把货物挂在驴鞍上，再把驴放回去。很长时间以来，邹和尚一直用这种奇特的方式买东西，买卖双方相安无事。一天，驴下山时践踏了一位黄姓农民的甘蔗，黄姓蔗农便要求邹和尚赔偿损失。邹和尚没有办法，便说："把甘蔗制成糖霜出售，可以获利十倍。我可以告诉你具体的制作方法，权当赔偿你的损失，你看如何？"蔗农只好答应。黄姓蔗农使用邹和尚的办法制造糖霜，果然很成功，获利很丰厚。从此，制造糖霜的技术就慢慢传开了。后来，邹和尚到北方去了，人们再也没见过他。于是，蔗农们画了一张邹和尚的画像，把他当神一样供起来。

由于唐代制糖业的迅速

宋代王灼《糖霜谱》书影

发展，蔗糖（砂糖）和冰糖作为新兴的商品开始大量进入市场。

三、酿酒业

早在东汉时，西北地区可能已经开始酿造葡萄酒。但是，栽培葡萄并将其用于酿造葡萄酒，在魏晋南北朝时并没有多少发展。西域地区酿造葡萄酒的历史比较早，唐朝以前，西域诸国有时会向中原王朝进贡葡萄酒。

唐代，酿造葡萄酒的技术得到了显著发展。640年，唐朝灭高昌国（今新疆吐鲁番）后，将吐鲁番马奶子葡萄的种子带回内地，并获得了葡萄酒的酿造技术。随后，唐太宗命人在皇宫禁苑种植葡萄。葡萄种植成功后，唐太宗亲自钻研葡萄酒的酿造技术，经过反复实践，终于酿制成了葡萄酒。太宗酿制的葡萄酒共有八种颜色，而且"芳香酷烈，味兼醍醐"，色味俱佳。唐太宗异常高兴，将新酿成的葡萄酒赏赐给文武百官们品尝，长安的上层社会才知道了葡萄酒是什么滋味。此后，用葡萄酿酒在内地逐渐增多。唐人李肇在谈唐朝名酒时就曾提到"河东之干和、葡萄"，这说明河东道（今山西省境）生产的葡萄酒成为名牌酒，反映了唐代酿酒技术的显著发展。

自古以来，中国人酿酒最善于用曲，而葡萄酒却不必糖化就可以酿成酒，如果加入曲，反而会破坏葡萄酒的风味。唐代接受的西域酿酒法，应当就是采用无曲发酵法。这种不用曲的葡萄酒被称为"真葡萄酒"。

唐代人饮酒的风气十分普遍，特别在上层社会和文人雅士中间，饮酒之风司空见惯。元稹《西凉伎》诗说，开元天宝以前，凉州地区"蒲萄酒熟恣行乐，红艳青旗朱粉楼。楼下当垆称卓女，楼头伴客名莫愁"。白居易《荔枝楼对酒》诗云："荔枝新熟鸡冠色，烧酒初开琥珀香。"唐后期诗人雍陶诗云："自到成都烧酒熟，不思身更入长安。"韦应物《酒肆行》盛赞长安的酒肆："豪家沽酒长安陌，一旦起楼高百尺。碧疏玲珑含春风，银题彩帜邀上客。"杜甫有诗说："李白斗酒诗百篇，长安市上酒家眠。"从这些诗句里，人们似乎可以嗅出大唐酒味的浓烈和醇香。

由于酒的消费量很大，酿酒也就成为有利可图的行业，在不少城市甚至农村中都有酿酒作坊、酒肆、酒馆。

长安城内的酒坊、酒肆很多，就连居民区中也有酒坊和酒肆。长安西市出产的"西市腔"、常乐坊出产的"郎官清"及"阿婆清"等都是著名的美酒。从长安东门到曲江池一带，沿途的酒肆、酒坊不可胜计，许多文人墨客经常到这里对饮，留下了大量关于饮酒的诗篇。当时，酒肆既从事酒的生产，也从事酒的销售。

四、制茶业

南朝时就已经有了制茶业。但当时茶叶的生产和消费很少，制茶业还处于萌芽阶段。中国人喝茶的习俗到唐代才开始成为遍及全国的风尚，所以唐代茶叶的消费量急剧增加。唐代饮茶之风不仅在内地极为流行，在周边少数民族地区也广为流传。回纥曾用大量的良马换取内地的茶叶，茶马贸易成为一种重要的贸易形式。饮茶之风甚至在吐蕃（今西藏地区）也很普遍。有一次，常衮奉命出使吐蕃，他与随从正在帐中烹茶，吐蕃赞普来看他。赞普问他："你在做什么？"常衮回答说："我正准备吃茶。它可以解渴，消除烦恼。"不料吐蕃赞普说："我这里也有茶。"赞普命人拿来一大堆茶，并指着茶叶对常衮说："这是寿州茶,这是舒州茶,这是顾渚茶,这是荆门茶,这是昌明茶,这是渹湖茶。"吐蕃上层社会饮茶之风由此可见一斑。

唐代南方地区农民种茶积极性很高,茶的种植面积不断增加,从而极大地刺激了制茶业的发展。中国古代对茶叶征税始于唐代,唐德宗时,政府开始对茶叶征税。茶叶还成为唐朝对外出口的重要商品之一。唐朝还出现了一位"茶圣"——陆羽,他写了一本有关茶叶的经典著作——《茶经》。陆羽在《茶经》中对唐代的茶叶生产和加工、茶叶产地、茶具的选用、茶品质的高低等都有很详细的论述。由于受茶叶生长条件的限制,唐代产茶的地区主要分布在南方地区,如四川、湖南、江西、浙江、安徽、福建、江苏南部等。

唐代在某些地区已经出现了大型的茶园和制茶作坊。茶叶的种植一般位于山区或丘陵地带,而制茶业的季

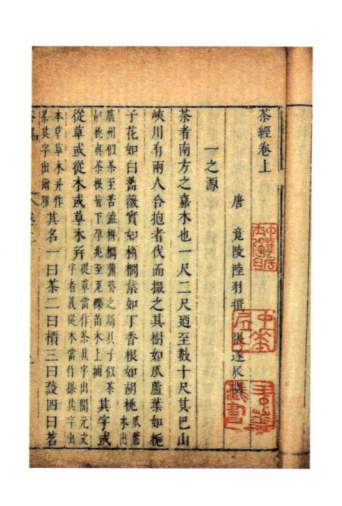

陆羽撰《茶经》书影

节性又很强，所以唐代制茶作坊一般采用雇佣的形式招募劳动力。例如，九陇人张守珪在仙君山拥有一处规模庞大的茶园，每年春天，茶叶采摘季节到了，他便广招采茶工和制茶工匠。他的茶园里，受雇的采茶工和制茶工匠多达一百多人，既有男人，也有妇女。雇用临时工匠从事茶叶加工，这是唐代制茶业的一个显著特点。

第四节　采矿业与金属铸造业

唐代的采矿业涉及多种矿产品，如金、银、铜、铁、铅、水银等。与采矿业关系密切的金属铸造业也有显著进步。

一、采矿业

唐代的矿产品有金、银、铜、铁、锡、铅、矾、水银、丹砂等，主要分布在陕州、宣州（今安徽宣城）、润州、饶州、衢州、信州等地。据不完全统计，银、铜、铁、锡、铅等矿共计168处。唐政府直接掌握着这些矿业，但是允许民间自由开采，只需要根据产量多少向官府缴纳一定比例的货币税或实物税。

唐后期的采矿业，在坑冶（矿藏）的数量和产量方面都有所增加。唐宣宗时，铁矿增加了 71 处；银矿增加了两处，且产量也大为增加，仅饶州银矿每年产银就达到 10 万两之多。唐代的银矿，以饶州的银矿最为重要。太宗贞观年间，权万纪上奏说饶州银大发，受到太宗斥责。高宗总章初年（668），唐政府采纳邓远的建议，在饶州设置银场（银矿），开采银矿，号称"邓公场"。另外，银的质量也有所提高，如郴州银矿所产的银质量非常好，民间将其称为"锅子银"。

唐宣宗时，政府每年征收的铜课（实物矿税）达 65.5 万斤，铅课 11.4 万斤，锡课 1.7 万斤，铁课 53.2 万斤，可见唐后期矿产的数量有显著的增加。

唐代出产铁的地方大都在南方地区，这和汉代与魏晋南北朝时期相比发生了很大变化。唐时随着南方地区社会经济的迅速发展，冶铁工业已经从中原地区扩展到了长江以南，而且这种变化趋势越来越明显。据统计，唐代产铁的地区，大体说来，北方地区有34处，而南方地区共有61处，可见唐代南方产铁之地已超过了北方。

此外，唐代还在陕北等地开采了石油。据唐人段成式记载：在高奴县（今陕西延长）出产了一种"石漆"，也叫"石脂水"，这种石脂水油腻腻的，漂浮在水面上，颜色黑乎乎的，就像黑漆一样，人们将这种石脂取出来，用来膏车和点灯，而且灯光极为明亮。唐朝人所说的"石漆"，即从石缝里自然流出的石油。唐朝时虽然还没有"石油"这个名称，但人们已开始对其加以开采和利用。肃州玉门县东南180里有一眼泉，泉水上有一层"黑脂"，就像肥肉一样，可以燃烧，燃烧时发出的光极为明亮。于是，人们便用饮水的器具把它取出来，用于涂刷鸱夷酒囊，或者用来膏车。

唐代还开采了天然气。产生天然气的矿井，中国古代称为"火井"。中国大致在开凿盐井的同时或稍后就已发现了天然气，时间早在战国时期。在四川临邛县（今邛崃市），人们发现了天然气，并用它来煮盐。唐朝时，这里仍然开采天然气。据《元和郡县图志》载：在临邛县南一百里，就有这种"火井"，它宽五尺，深三丈，人们把火种投到里面，就会产生打雷一样的爆炸声。当时，人们用竹筒采集天然气，把它当作火把来用，据说可以燃烧一整天都不熄灭。可见，唐朝时人们已经对天然气有了初步的开采利用。

二、金属铸造业

唐代金属器物种类很多，生产技术也有所进步。早在汉朝时就曾经有人研究"合铸金银"的方法，但未成功。到了唐初，基本上解决了这一重要问题，达到了"合金银并成"，创造了金银平脱工艺，而且已经达到了相当高的技术水平。例如，唐朝四鸾衔绶金银平脱铜镜就是唐代平脱镜中最精致、最完整的一面。

唐代金属器物种类可以分为金器、银器、铜器、铁器、铅器等。1970年，在西安南郊

鸳鸯莲瓣金碗

何家村发现了一批唐代窖藏金银器，这些精美的金银器充分显示了唐朝高超的金银器制造技术。例如，鸳鸯莲瓣金碗、金筐宝钿团花纹金杯、鎏金舞马衔杯纹银壶、鎏金鹦鹉纹提梁银罐，这些金银器都堪称国宝。

鎏金鹦鹉纹提梁银罐

唐代各种金属器物都有著名的产地。例如，金银器产于绵州，银器产于宣州、桂州，铜器产于扬、越、润、宣、桂等州，青铜镜产于并州、扬州、桂州三州，铁镜产于并州，铁器产于舒州，文铁刀产于黔、忠、涪三州，刀产于伊州、邢州，剪刀产于邠州，铅器产于贵州。

唐代金属用具制造的方法和过程都是很精密的。每件器物，除了铸造及锻炼外，或用手打制，或加工磨制，或镀金镀银。在发掘出的带刃工具中，可以看到钻和刮刻的痕迹。1930年，在河北易州附近出土的唐代铁制生产工具中，有锄、铲、刀、镰、犁、锤、权、钩等，形制与现代的器物大致相同，可见唐代金属制造工业技术的进步。

唐代后期，在南方的某些地区出现了著名的金属制品，扬州的铜镜及句容的金属器物都是当时驰名全国的产品。各地从事铸造工业的工匠互相交流生产经验，促进了生产技术的发展。唐文宗时，南诏军队攻陷四川许多州县，并兵临成都城下，掳掠无数财物和数万人口而去，其中就有不少能工巧匠。大和四年（830）十月，李德裕被任命为剑南西川节度使，镇守成都。在此以前，四川地区深受战火破坏，民不聊生。李德裕到成都后，努力加强守卫力量。他派人到南诏，请求他们释放所俘工匠，结果有僧道以及工匠4000多人重新回到成都。为了加强防卫力量，提高唐军的兵器质量，他从安定雇请制造盔甲的工匠，从河东雇请制造弓箭的工匠，从浙西雇请制弩的工匠。这些工匠通力合作，制造出来的兵器非常精良。

当时，在生产中已经使用大型鼓风炉。蔚州飞狐县（今山西涞源）境内有一处大型铜矿，铜山达数十里。为此，唐政府在飞狐县设"三河冶"，开采铜矿，并在此县设置钱监（相当于现在的国家造币厂），铸造铜钱。这里的铸钱炉最多时达到40个。但是，在肃宗至德以后，这个钱监废弃不用了。元和七年（812），宰相李吉甫建议唐政府恢复这里的钱监，宪宗同意了。飞狐钱监利用拒马河的水力鼓风炉铸造铜钱，人力、费用大为下降，生产效率则显著提高，每年铸钱18000贯。以前，河东道的百姓因为缺乏铜钱而不得不使用铁钱，飞狐钱监恢复后，这里的货币流通状况大为改善。

武德四年（621）开始铸造"开元通宝"钱。中唐以后，随着商品经济的发展，货币的需求量不断增加，铸钱业也有所发展。唐初铸造"开元通宝"，是采用母钱翻砂铸钱法。这种铸钱方法颇为简便，节省铸造钱范的手续，又无印制土范的麻烦。这种母钱法，从唐代开始，直至清代前期仍在使用。

隋唐以前，铜钱的成色无一定的标准。汉代盛行"即山铸钱"的办法，就是在铜矿附近用开采出来的原铜铸钱，铸钱时并不故意夹杂其他金属。因此，各地所铸的钱币，以及各次所铸造的钱币，其成色都不一样。隋朝铸钱已经有用镴的办法，但钱的成色仍无一定标准。到了唐代，政府铸钱才有了一定的成色标准。玄宗时，铸钱时每炉所用的原料是：铜 21220 斤，白镴 3709 斤，黑锡 340 斤。一个铸钱炉共计铸钱 3300 贯。按此计算，唐政府铸造"开元通宝"的成色是：铜 83.98%，白镴 14.68%，锡 1.34%。

第五节　造纸业与印刷业的发展

唐代是中国古代造纸史上的第一个高峰时期。唐代造纸工业的发展主要表现为：在地域分布上比以前更加广阔，纸的种类、名目和用途也比以前增多，染色纸更加讲究。这些都与唐代雕版印刷术的兴起有密切的关系。

一、造纸业

唐代的造纸原料主要有麻、藤、楮、竹、苔等。唐代的纸张有熟纸与生纸两种，写作时绝大多数是用熟纸，装裱则用生纸。唐代书法家写字，大多用麻纸和楮纸，拓书则用粉蜡纸。在出土的唐代遗物中，有敦煌出土的唐写本《沙州志》残卷，用的就是黄麻纸。在新疆也发现许多唐代麻纸和楮纸写的文书。唐代朝廷官府文书所用纸，分为麻纸、藤纸、绫纸三类。

唐代官府设置了许多工业作坊，其中就有纸坊。当时，在四川、安徽、江西、江苏、浙江就有纸坊 90 余处。唐代的纸在制法、种类、品质等方面都远远超过前代。就以专供写经、刻书用的纸张来说，有黄白经笺，均以大麻为主要原料。黄色的称为硬黄纸，是将抄好的纸浸在黄檗汁溶液中，或是在调和纸浆料时加入黄檗汁而成。这种纸张不怕虫蛀，不受水浸，不易霉烂，不透墨水。硬黄纸又分为厚、薄两种，厚的出自四川，薄的产于长安、洛阳、安徽等地。

唐代造纸业的著名产地主要集中在江南地区。唐代贡纸的地方有 11 个，即常州、杭州、越州、婺州、衢州、宣州、歙州、池州、江州、信州、衡州，这些州所造的纸质量极高，所以成为贡品。

唐代著名的纸有：越州的剡藤苔笺，益州的麻面、屑末、滑石、金花、长麻、鱼子、十色笺，扬州的六合笺，韶州的竹笺，蒲州的白蒲、重抄，临川的滑薄，宋州、亳州一带有乌丝栏、朱丝栏、茧纸等；四川生产的十色笺，是小幅华美的彩色笺，有深红、粉红、杏红、明黄、深青、浅青、深绿、浅绿、铜绿、浅云，共十种颜色；苏州出产的一种杂色粉笺布纹纸，名叫姑苏笺，是用稀麻布捞纸，无帘纹。这些笺纸，可供题咏书翰之用。

硬黄纸：加工纸的一种，属于蜡质涂布纸。在纸上涂蜡后，能使表面光滑，增加抗水性和透明度，并有防蛀作用。这种造纸技术在隋唐时代有很大发展。敦煌石室写经纸中著名的唐代硬黄纸，就是在黄色纸上涂了一层黄蜡；北京图书馆所藏唐代开元六年（718）写本《无上秘要》，也用的是硬黄纸。

金花纸、银花纸：就是将金、银片或金、银粉装饰在纸上，也称为洒金纸、洒银纸、冷金纸等。

剡藤纸：剡水清澈，剡溪山绵亘四五百里，多产藤株，具备了造纸的优越条件，所制的藤纸畅销南北各地。剡藤纸常常用来缮写佛经。唐代写经是很郑重的事，选择纸张也很讲究。

宣纸：宣纸产于安徽泾县，而不在宣城。泾县在唐代属于宣州，故沿用宣纸的名称。

纸的加工有砑光、填粉、染色、涂蜡、洒金、印花等技法。砑光、填粉、施胶是造纸的必要加工手段；染色、涂蜡、洒金、印花则是特殊加工手段，纸张经过特殊加工后，才成为各种高级的加工纸。纸面纤维间隙中存在许多毛细管，有很大的吸水性，下墨时容易发生晕染、走墨现象。对此，汉代采取的措施是将纸面砑光或砸光，但是效果不尽人意，故后来有了施胶技术，大大增加了纸对液体透过性的抗阻能力。造纸史专家认为，造纸施胶技术出现于唐代中期。

二、印刷业

新兴的印刷业在唐代也得到了迅速发展。中唐以后，私人开始印刷诗文、书籍、日历、佛经等，并在市场出售。文宗时，在剑南道及淮南道等地，民间经营的印刷业作坊很发达。当时，人们纷纷用雕刻技术大量印刷日历，到市场出售。本来每年的日历照例都是由唐中央政府的司天台颁布，然而在印刷业发达的地区，每年还没有等司天台颁布明年的日历，民间印刷的日历就已经销售到全国各地。据宋人王应麟《困学纪闻》记载：唐末，益州（今四川成都）开始出现了雕版印刷的书籍，不过所印刷的大多为术数和字典一类的书籍。

唐都长安的印刷业相当发达，曾在敦煌莫高窟藏经洞发现的两件遗书，可以证明长安东市的雕版印刷业相当发达，其中一件是大约属于公元9世纪的印刷本日历残片，上面印有这样几个字："上都东市大刁家大印"。这件文物现藏英国伦敦博物院图书馆。另一件是咸通二年（861）根据印刷本传抄的《新集备急灸经》，该经题记称"京中李家于东市印"，现藏法国巴黎国家图书馆（编号P.2675）。上述两件文物说明长安东市的印刷业相当发达，从事雕版印刷业的作坊不少。印刷业的发达，使得日历、诗文、佛经等成为日益普遍的商品，所以城市中的书市也渐趋增多，长安就有"鬻坟典之肆"，即出售五经等各种书籍的书市。

第六节 制造业的进步

在唐代，传统制造业包括陶瓷业、造船业、造车业等都有很大的进步。

一、陶瓷业

中国陶瓷工业发展史可以划分为三个阶段：第一阶段为陶器阶段。第二阶段为陶瓷阶段，也可称为半陶半瓷阶段，是介于陶器与瓷器之间的过渡阶段，这时陶器仍占有优势。这个阶段又可以分为两个阶段，前一阶段由商代至西汉，其制品为原始瓷器；后一阶段由东汉至南北朝，真正的瓷器已经出现，但仍以陶器占优势，瓷器尚未成为主流。第三阶段为瓷器阶段，这一阶段从隋唐开始。中国的瓷器在隋唐时代始用高火度烧成，从而使瓷器的质地坚固。此时，瓷器开始在社会上普遍使用。从唐代开始，中国古代正式有了"窑"这一专称。

唐代陶瓷烧造技术已相当成熟，工匠们已经积累了丰富的经验。唐代著名的瓷窑有越窑、邢窑、鼎窑、婺窑、岳窑、寿窑、洪窑、蜀窑以及江西新平县的霍窑等。这些瓷窑都曾大量烧制茶具，这些饮茶器具各有特点，销路都很好。可以说，饮茶风尚的兴盛促进了制瓷工业的发展。

在唐代，制瓷工业已成为独立的生产部门，制造的陶器除灰陶外，又有"唐三彩"，这是中国制陶技术的重大发展。唐代，铅釉陶的制作技术娴熟，在铅釉里掺和少量铁和钴的氧化物，掌握一定的烧造火候，就可烧制出享誉中外的唐三彩。"三彩"是指三种色彩，以青、绿、铅黄为主。

唐三彩的制造过程是：先和色料于釉内，然后用笔拓于器胎上，或浇在上面，再装入匣（即笼），满窑烧成。这种制品胎骨坚致，或作白垩状；釉色鲜艳，花纹美丽。唐三彩器物当中，高足盘、碗、角式杯、天鸡

唐三彩载物骆驼俑

壶、扁瓶等物，可能是受了西域文化的影响。传世的唐三彩器物，著名的如罗汉十八尊，高五尺多，雕塑优美，色彩沉实。

唐三彩三花马

唐三彩陶器可分为两大类：一类是俑，一类是器物。陶俑又可以分为人物和动物两类，人物形象有天王、力士、文官、贵妇、男僮、女侍、牵马牵骆驼的人、乐舞、杂技以及介乎人兽之间的镇墓兽等；动物的形象有马、骆驼、驴、牛、羊、狗、狮子、虎，等等。器物有盛器尊、壶、瓶、罐、碗、盘、杯、钵，文房用具砚台、水注，寝室用具唾壶、香炉，各种模型住房、仓库、厕所、假山、车、柜，等等。唐三彩陶器的内容几乎囊括了当时社会生活的各个方面。

唐墓中出土的陶器有人俑、陶制怪兽和动物俑等。人物陶俑或涂彩，或着釉，或三彩；面貌硕壮丰盈，造型生动，彩饰金碧辉煌。男俑有文官（饰有冠或幞巾），有穿胄武士、骑士及侍从；女俑有乐伎、舞俑、侍女、骑俑。

动物俑以马和骆驼的造型最为生动优美。1957年，在西安出土的唐三彩釉陶骆驼载乐俑，题材新颖，造型优美，是唐三彩中罕见的珍品，堪称国宝。

现在已知最早的唐三彩陶器，出现于1973年发掘的陕西富平县李凤（唐高祖之子）墓。李凤死于上元元年（674），随葬品有三彩双联盘一件，两端为圆形，器内和边沿施绿、蓝、黄三色回纹彩。另外，墓中还出土了十余件三彩器碎片。因此，唐三彩的发明时间在唐高宗中期或更早，而且它一经出现很快就深受贵族官吏的喜爱，不论数量、质量，在盛唐时期都达到顶峰。安史之乱后，三彩器逐渐走下坡路，三彩俑不见了，三彩器皿减少。

所谓"三彩"，并不限于固定的三种色彩。除了白色外，三彩釉有浅黄、褐黄、浅绿、深绿、天蓝，偶

唐三彩釉陶骆驼载乐俑

然也有茄紫色的。

唐三彩的主要成分是硅酸铅。呈色剂是各种不同金属的氧化物,例如浅黄为铁或锑、绿色为铜、紫色为锰。当时的陶瓷制作技术已经达到相当高的水平,对于选泥、配釉、造型、烧窑都已掌握到纯熟的程度。在这种技术水平上,当时的雕塑艺术家大显身手,创造出许多精品。

唐代生产瓷器的名窑很多,越窑和邢窑最为有名。越窑在越州(今浙江绍兴),是南方的制瓷中心,以烧制青瓷为佳,其器明彻如冰,莹润如玉,釉色达到纯洁温润的地步。邢窑在邢州(今河北

唐代邢窑瓷器——白瓷皮囊式壶

唐代长沙窑胡人乐舞图执壶

洪州窑瓷器之一

邢台），是北方的制瓷中心，所制瓷器土质细润，所产白釉瓷器在唐代曾风靡全国，为当时人所珍重。越瓷与邢瓷相比，越瓷精致可爱，邢瓷坚实耐用，各有千秋。鼎窑在鼎州（今陕西泾阳），专制白瓷。婺窑在婺州（今浙江金华），所产瓷器次于鼎窑，而胜于寿洪之器。寿窑在寿州（今安徽凤阳），以出产黄釉瓷器著称。岳窑在岳州（今湖南岳阳），所产瓷器盛茶，茶呈现出红白之色，色彩艳丽。湖南的长沙窑（位于今湖南长沙望城区）也很有名，其产品主要是青瓷，生活用具种类很多，釉色有青、黄、白等，并首创釉下彩器和在瓷器上彩绘的装饰技法，即在青釉下用褐色或绿色斑点组成几何图案，在白釉或青黄釉下用笔绘云彩和几何纹。蜀窑位于四川邛州的大邑，所产瓷器体薄而坚致，色白声清，为当时人所珍重。洪州窑窑址分布在现江西省丰城市一带，此地在唐代属于洪州，故

洪州窑瓷器之二

称洪州窑。洪州窑以烧制青瓷为主，胎色较深，釉色多为褐色。

除以上所述外，唐代的瓷窑还有：缶州窑，专烧白瓷；秦窑，在秦州（今甘肃天水），所产瓷器都是生活用具如碗、杯之类，多为纯色。

越瓷不仅产量大，而且瓷器造型精美，胜过其他瓷窑烧造的器物。越瓷除了用于注酒、喝茶以外，还有人用来调音，可见越瓷的胎骨坚致而较薄，所以叩击才能发出清亮的声音。这种青瓷除了供应国内需要外，还向东传播到日本，向南经海路远销到埃及等地。

越窑除了烧制一般瓷器外，还曾经烧造专门用于进贡朝廷的器物，这种瓷器被称为"秘色瓷"或"秘色越器"。"秘色"一词最早出自晚唐诗人陆龟蒙的诗篇《秘色越器》。宋代以后，人们对"秘色"一词的确切含义一

法门寺唐塔地宫出土的唐代秘色瓷之一：八棱净水秘色瓷瓶

之二：五瓣葵口凹底深腹秘色瓷碟

直争论不已。其实，"秘色"就是"保密的釉料配方"之意，"秘色瓷"就是釉料配方保密的瓷器。1987年4月，在陕西扶风县法门寺塔唐代地宫发掘出多件精美的越窑青瓷器，据地宫出土的《物帐碑》记载，这批瓷器正是唐懿宗赐给法门寺的"瓷秘色"器具，人们这才认识了秘色瓷的真面目。这些秘色瓷器（共12件）外形规整，造型简洁，釉色青绿，晶莹润泽，玲珑剔透，令人叹为观止！

二、造车业

唐代许多城市都有造车的作坊,称为"车坊"。京城长安王公百官云集,人员往来频繁,流动人口众多,对车辆的需求很大,于是在长安出现了不少造车作坊。在长安众多的造车作坊中,位于通化门旁边的"长店"就是最有名的一个。

通化门位于长安外郭城东面偏北的位置,是长安的东大门之一,它的西面是皇城延喜门、安福门,再向西走就是长安的西大门——开远门。通化门外不远处就是著名的长乐驿,人们常在此送别亲友,皇帝也常在这里为东去的大臣送行,以示倚重之情。建中四年(783),龙武大将军哥舒曜进讨李希烈时,唐德宗亲自到通化门为他送行。元和三年(808),李吉甫充任淮南节度使,唐宪宗到通化门为其送行。元和十二年(817)七月,宪宗命宰相裴度前往淮西前线指挥作战,裴度离开长安前往淮西行营时,宪宗登上通化门城楼为他送行。通化门下,裴度向城楼上的宪宗皇帝一拜再拜,含泪辞行,宪宗则将自己佩戴的犀带赐给裴度,此情此景,令人感怀!

来往于通化门的车辆非常多，于是在通化门附近出现了不少造车作坊，工匠们也到这里来寻找工作机会。通化门附近的长店是一家大型的私营造车作坊。长店的老板提前准备了各种原材料，然后招募工匠。为了便于管理，提高工匠的生产积极性，老板对工匠实行计件工资制。车辆最容易坏的部件就是车轮，所以车轮需求量很大。而车轮最难加工的部位就是车辋，即车轮外圈。他对招募来的工匠说："我们实行计件工资制，轮子、车辕、辐、毂等零件都有定价。每制成一块车辋，付钱100文。"按当时的技术，高手一天也只能做成一两片车辋，最多收入200文，所以工匠们都竭尽全力地干活。

一天，一个外地工匠带着斧凿到长店找活干，他自报姓名叫奚乐山。老板发现他技术精湛，就决定录用他。他对老板说："请给我多发放些材料吧！"老板便给他一些制作车辋的材料。奚乐山觉得太少，要求更多的木料。老板觉得奚乐山太贪功了，便指着一间大房子说："这些木材可以做600片车辋，你自己看着办吧！"他想让奚乐山出丑。不料，奚乐山说："我一定尽快把它干完！我想在夜里干活,麻烦你提供灯烛。"老板看出他这是要连夜赶工,就满足了他的要求。随后,奚乐山立刻在一间房子里关起门干起活来。人们都觉得好奇,很想看看他究竟怎么加工车辆,但由于房门紧闭,外面的人只能听见斧凿发出的响声。一天一夜,这种斧凿声没有间断过。

第二天清晨,奚乐山告诉老板说:"600 片车辆已经完工,请按规定付给我 60 贯工钱。"老板大惊失色,同行们也感到惊奇,觉得不可能这么快就干完,于是他们要求"验活"。他们上前一看,每一件车辆都做得很精妙,毫无差错,大家无不惊叹,心服口服,老板也按规定支付了工钱。奚乐山拿了工钱便离开了,老板派人秘密尾随他,想搞清楚他要到哪里去,可尾随的人却很快就把人跟丢了。店主和同行因此一致认为他是个神人。

通化门长店作为一个木车作坊,实行比较先进的计件工资制。从其生产过程来看,长店的老板将整个制车活动分为制作车轮、车辕、辐、毂等几个不同部件的工序,由于制车行业较为特殊,工匠们完全可以根据自己的技术特长,独立地完成其中的一道工序。车坊老板从事组织和管理工作时，主要是制定质量标准和价钱、招募工匠、监督工匠的生产质量，最后将工匠生产的不同部件组合成车。从这个故事可以看出，唐代的私营车坊不论是生产过程还是生产的管理，都已经相当成熟。这从一个侧面反映了唐代私营手工业生产的发达。

三、造船业

造船业发展到唐代，已经成为一个比较成熟的工业部门。唐代造船业最发达的地区主要集中在江南地区。这主要与当地的自然条件有密切关系，因为江南地区江河纵横，人们对水上运输的依赖性比较强。另外也与造船的材料有关。唐代造船大都采用坚硬耐久的楠木，其次则用樟木，此外也有采用木兰、杉树等造船的。这些造船材料的产地集中于长江流域和珠江流域，这也为江南造船业的发达提供了良好条件。

开元、天宝以后，造船的数量和质量都有明显进步。代宗时，刘晏任盐铁转运使，他在扬子县（今江苏仪征）设立了10个造船场，专门制造用于漕运的大船，每艘船载重量可达1000石。他在扬子县造船达2000艘之多。因为制造一条船的费用达 100 万钱，有人便反对说："当前国家财政紧张，应将造船成本降下来。"刘晏说："制造船舶，一定要经久耐用。如果刚开始造船就想着减成本，这样的船怎么能长久？"结果，50 年后这些船仍然可以使用，造船成本反而大幅度下降。浙东也有造船场，韩晃任浙东观察使时，在这里造楼船 30 艘。另外，洪州（今江西南昌）也有造船场。

从载重量来看，唐代已经有了可以载重上万石的大船。代宗大历至德宗贞元年间，江南有位女商人俞大娘，她拥有一条非常大的船，仅船工就有几百人，其载重量肯定不下一万石。

唐代建造的船大体可以划分为两大类：一类是内河船，另一类是海洋船。内河船又可分为平底船、座船、浅底屋子船、海鸥船、车船、马船、铁头船、万石船等。唐文宗时，日本高僧圆仁在扬州看到长江中充满了大舫船、积芦船、小船等，其数不可胜计。

自魏晋以来，战船在使用动力与机械方面都有所进步。就动力来说，已经从原来的人力、畜力发展到使用风力、水力做动力。就机械而言，也由原来的单齿轮发展到复齿轮以及简单推进机的运用。在动力与机械进步的基础上，到唐德宗建中年间，李皋就利用推进机创造了以车轮来代替桡桨划行的战船，当时称为"车船"。这种车船，装有两个轮子作为推动力，可以不挂风帆，而且速度也很快。由此来看，唐代已有用简单推进机发动的轮船，而欧洲到15世纪才有类似的船只。

唐代造船业的发达有力地推动了海上运输的发展。贞观十三年（639），阎立德担任将作大匠后，在洪州（今江西南昌）制造浮海大船5艘，专门用于海上运输。贞观十八年（644），他跟随太宗东征高丽时，就有大量的海船向前线运输军用物资。

唐代所造的远洋海船驰名世界，大的长二十余丈，能载客六七百人。当时较好的大食船也比不上中国的船。因此，各国商人都愿意乘中国船只从事远洋贸易。

第三章

商业与市场的空前繁荣

唐朝是中国古代商业史上的第二个高峰，其发展水平远远超过了以前任何时期。唐朝农业、手工业和商品生产的发展为市场提供了源源不断的商品；唐政府建立了一整套完善的市场管理制度，保障了市场交换的有序进行；交通业的发展和丝绸之路商道的通畅，使商人外出经商更加便捷和安全，促进了商品流通规模的进一步扩大。唐王朝国家统一、社会安定、国力强盛，为商业的发展提供了前所未有的有利环境，周边地区各民族商人和外国商人纷纷到唐朝从事贸易。市场交易更加活跃，城市经济日趋繁荣，国内商人和来自各国的域外商人奔走于各地之间，贩运他们认为有利可图的各种商品。

第一节　市场管理制度的完善

唐政府对市场管理十分重视，从中央到地方都设有市场管理机构，同时还建立了一套相当完善的市场管理制度。这些制度涉及市场的设立、市场交易时间、物价、度量衡、市场秩序、市容管理、货币流通、商品质量、商税征收等各个方面，对市场管理官员的具体职责及奖惩等也有详细的规定，有些规定还作为法律条文列入唐朝的法典《唐律疏议》当中。

一、市场管理机构与官吏的设置

唐朝规定，只有州县治所以上的城市才能设立官办商品交易市场。在这些市场中，政府都设有管理市场的机构和官吏。至于县城以下的农村地区，则不设官办的交易市场，当然也就不用配备市场管理官员了。

唐政府在京都长安和洛阳设有市署，每个市场设市令1人、丞2人，市令、丞之下还设有录事、府、史、典事、掌固等下属官员。在长安东、西二市，唐政府还各设立一个平准署。平准署的主要工作人员有平准令2人，平准丞4人，监事6人。政府不用的各种物资以及没收的财产，由长安的平准署负责出售。平准署除平准令、丞外，还设有录事1人、府6人、史13人、典事2人、价人10人、掌固2人，官员多达46人。

为了及时调节市场物价，唐政府在长安的东、西二市设置了常平仓。它的位置大致在东、西二市中部偏北之地。永徽六年（655）八月，关中大雨不止，道路不通，粮食很难运到长安来，导致长安粮价飞涨。为此唐高宗下令在长安的东、西两市设置常平仓。

显庆二年（657），又在长安设置常平署以管理常平仓。常平署官员有常平令1人，丞2人，监事5人；另有府4人，史8人，典事5人，掌固6人。以此计算，常平署官员至少有31人。常平署官员的官品虽然比较低，但他们的地位却相当重要。

唐政府设常平署，主要是用它来调节市场物价。其具体做法是：当物价暴涨时政府就抛售商品，以便把上涨的物价压下来；当物价（主要是粮价）太低时，政府则加价收购，这样就可以把价格抬高，以免出现"谷贱伤农"的情况，从而保护农民的利益。从实际运作来看，常平仓主要用来调节粮价。这种常平仓制度使得市场物价不至于太高或太低，从而保持市场价格稳定。这样既保护了粮食生产者——农民，也保护了城市居民。很显然，这一制度有利于保持市场物价的稳定，有利于商业发展。即使在现在，我国仍然实行与常平仓相类似的制度。

在两京以外的州、县城市，唐政府也设置了市场管理机构，并配置了相应的市场管理官员，官员的多少主要根据城市的级别来定。州一级的城市一般配备七八人，县级城市则配备5人。在镇一级，没有专职的市官，市场管理事务由仓曹参军事来负责。

在边境地区，唐政府还设立了与少数民族贸易的"互市"，并且设有互市监，专门负责与各少数民族之间的贸易以及陆上对外贸易。

二、市场官员的职责

唐政府不仅设置了较为完备的市场管理机构，配备了相应的官员，对市场官吏的职责也做出了详细规定。负责

管理市场的官员主要有哪些职责呢?概括地说,主要有以下几个方面:

1. 评议物价

唐朝规定,主管市场交易的官吏必须定期对市场上的每种商品价格进行评议,这种办法即所谓"二物平市,以三贾均市"。"二物"是指"格"和"概"。所谓"以三贾均市",就是要求市场官员每10天对市场上的货物估价一次,对于同一种货物,市场官员要根据其质量高低分为上、次、下(精、次、粗)三等价格,并且要用簿书加以记载。经过市场官员评估的价格称为"市估",市估每个季度要上报给政府备案。例如天宝二年(743),交河郡(今新疆吐鲁番)"米面行"出售的白面市估为"白面一斗,上直钱三十八文,次三十七文,下三十六文";"果子行"出售的葡萄干则是"干葡萄一胜(升),上直十七文,次十六文,下十五文"。

一般说来,市估在官方买卖、收付折算、平赃定罪、控制物价方面具有一定的强制作用,这些活动必须依据当时的市估价格作为计价标准;而对于一般的民间交易,也有一定的约束作用。正因为如此，市场官吏如果"评物价不实"，还要负刑事责任。

2. 监校斛斗秤度

唐朝十分重视市场所用度量衡器的统一和检查，以防止商人在交易时用斛斗秤度牟取暴利。唐朝规定：长安及其附近，不论是官方还是私人使用的斗、秤、尺子等度量衡器具，每年八月份都要送到太府寺去审验，准确无误才能在市场使用；长安以外的地区，则要把度量衡器具送到当地州县审验，审验无误后，官府在度量衡器具上贴上盖有官印的封条，然后才能使用。如果主管官吏"校斛斗秤度不平"，还要负刑事责任。这一制度类似于现在的年检制度。

3. 为特定物品交易双方订立和发放券契（即买卖契约）

为了避免和有效地解决交易纠纷，唐政府规定，对一些特殊商品的买卖必须由市司为交易双方订立券契，也就是交易合同。《唐律疏议》规定：买卖奴婢及各种牲畜如马、牛、驼、骡、驴等特殊商品时，必须订立"市券"。如果买卖双方成交后，已经付款，但未及时订立市券，超过3天的，买方打板子30下，卖方打板子20下。此外，唐政府禁止买卖双方私自订立买卖契约。

买卖奴婢及牛马之类的特殊商品时，市场管理官员要在交易过价后，立即为双方订立市券，否则要对主管官员处以重罚，超过1天答30下，1天加一等，最多杖100下。这个处罚相当严厉。

4. 征收商税

征收商税是市场管理官员最重要的职责之一。为了防止乱征税，唐朝规定：在征税时，政府要把赋役的具体数目写在县门、村场，以便"与众知之"。为了鼓励外商前来贸易，规定除应征商税外，不得对外商重加税率。

5. 掌管市场门户，维护市场秩序，查禁非违事件

市场都有固定的地点，周围有围墙或者篱笆之类，商人和购货的人都必须由"市门"进出市场。唐朝规定：每天市场交易时，"日中击鼓三百以合众"。即每天开始交易时，以击鼓为号，击鼓以后，人们才能进入市场进行交易；每天结束交易时，则是"击钲三百而散"，商人必须离开市场。闭市后，市场管理官员要及时关闭市门。如果市官擅自打开或关闭市门，或者不按时开闭市门，都要负

刑事责任，受到严厉的处罚。

在唐朝，不能随便翻越市场围墙，否则就要被杖责70下；如果破坏市场围墙，也要杖责70下；从沟渠中钻进市场，也会受到严惩。

唐律在规定市官法律责任的同时，还严厉惩治市官利用职务之便巧取豪夺、贪赃枉法的行为。严禁监临官受财、乞索财物、借贷部属财物等行为，严禁"挟势取财"。

唐律还规定了"卖买有剩利"和"强市"罪。所谓"卖买有剩利"，就是官吏（当然包括市官）在自己职权范围内买卖物品，按照当时价格，多得利益。所谓"强市"，就是凭借自己的权势强行购物的行为。如果官员在市场上强买商人货物，虽然价格公道，也要笞五十；如果不按市场价格购买，压低价格，从而多得利益，则要根据所得利益的多少，按枉法罪论处。这些规定在一定程度上限制了市官的巧取豪夺，有利于市场贸易秩序的维持。

三、严格监督商品质量和交易秩序

为了维护市场交易秩序，唐政府十分重视对商品质量的检查，严禁用不正当的手段进行交易，严禁买卖违禁物，以保证市场交易顺利进行。

1. 严禁出售质量不合格商品

市场上的商品种类繁多，长度、宽度、厚度、重量、规格大小等千差万别。自古以来，商人们常常利用商品质量来牟取暴利。为了防止商人在商品质量方面做手脚，唐政府对商品的标准式样、规格、长短、宽窄等都做出了明确规定。唐政府规定，凡是在市场上出售的绢、帛、绫、锦、绝、䌷等丝织品，一匹的长度必须达到40尺，才算达到长度标准；麻布则使用长度单位"端"，一端的长度是50尺，宽1尺8寸；绵的单位则用"屯"，一屯重6两；丝的单位则用"绚"，一绚为5两；纺织品原料麻的单位则用"綟"，一綟重3斤。如果商品的长度、宽度等不符合规定，则禁止在市场上出售。如果商人出售的纺织品长度、宽度达不到法定标准，则要被杖责60下。

为了保证每一件商品可以追溯到具体的生产者，唐政府还做出了一个很特殊的规定：凡是制造弓箭、长刀之类的手工业品，由官府制定标准的式样，工人在生产这些产品时必须题写生产者的姓名，这样才能在市场上出售。唐政府规定，各种器物类的手工业产品，在生产和销售时都必须执行这一规定，否则就是违法的行为，要受到法律的惩处。

唐朝规定：凡是"以伪滥之物交易者"，货物由官府没收。自己制造并出售质量不合规格的商品，要承担刑事责任；贩卖不合质量标准的物品，贩卖者与制造者要处以同等处罚；负责市场管理的官员如果知情而不禁止，与贩卖者和制造者同罪；如果市官没有发觉，也要减二等处罚。可见，唐政府对商品质量是相当重视的。这种严格规定一方面有利于监督市场交易做到货真价实，另一方面，市官因为市场上出售了质量不合格的商品还要负连带责任，这在一定程度上加强了市官的责任心，使其能较好地履行岗位职责。

2. 严禁用非法手段交易

唐政府不但重视市场商品质量的监督和检查，而且对日常交易活动也进行严格监督，对用非法手段进行交易、牟取暴利的行为给予法律制裁。这里仅谈其中几条重要的规定。

第一，严禁使用私自制作的斛斗秤度。商品交换离不开度量衡器具,而在度量衡器具上做手脚,利用度量衡器作弊以牟取暴利,成为古今中外商人获取非法利益的常见手法。所以唐律对此严加禁止。唐律规定:私自制作斛、斗、秤、度不准确并拿到市场使用,笞50下;如果利用度量衡器具牟取利益较多,则要"准盗论"。按规定,斛、斗、秤、度等度量衡器每年要到有关部门去校验,"印署充用",即使在市场上所用斛斗秤度是准确的,但没有官府审验也要笞四十。这一规定是相当严格的。

第二,严禁"参市"行为。"参市"是指非买卖当事人与买卖当事人一方勾结,故意哄抬或者压低物价,从而获取利益的行为。这种行为就是现在市场上常见的"托儿"。唐律规定,凡是有"参市"行为的,一律杖八十,如果获取非法利益较多,则要按盗窃罪论处。

第三,严禁"更出开闭,共限一价"的行为。所谓"更出开闭,共限一价",是指商人为了牟取利益,互相勾结,在出售商品时以贱为贵,而当购买他人商品时则故意以贵为贱,以及共同限定一个价格进行买卖的欺行霸市行为。这种行为一律杖八十。而对于那些买卖不和、"而较固取"

的强买强卖行为，同样要杖八十。这些处罚都是比较严厉的。在唐代，如果一个人被杖责100下，往往会被打死。

3. 严禁交易违禁物及使用恶钱

唐代法律明确规定了哪些东西私家可以拥有，哪些东西（如兵器等）私人家里不得持有，即所谓"禁物"。唐律严禁在市场上出售禁物，而且严禁与化外人交易禁物和私相交易。唐律规定：如果唐朝商人与化外人私相交易，一尺布就要判二年半的徒刑，达到十五匹就要加役流。

唐朝使用的法定货币是"开元通宝"钱，其大小、形状、成色都有具体规定。商人和一些不法之徒常常私自铸造含铜量较低的"开元通宝"，或者铸造重量不足的假钱，这些私自铸造的假钱就是所谓"恶钱"。唐政府要求负责市场管理的官吏加强对货币的管理和检查，严禁使用恶钱。如果有人在市场上使用恶钱，那么市场中的行头、主人、牙人都要"重加科罪"。这些规定对于维护市场交易秩序，促进商品经济繁荣，无疑具有重要的积极作用。

四、维护市场秩序，加强市容管理

唐朝政府十分重视维护市场秩序，加强市容管理。在此方面，唐政府也有不少明确的规定，这里择其要者，略作说明。

第一，严禁在市众中惊动扰乱。市场里人来人往，熙熙攘攘，一旦出现市场混乱，往往会导致很严重的后果。为此《唐律》严禁在市场中故意制造混乱的行为。如果有人在市场上故意喊："老虎来了！"结果引起市人惊慌，导致市场秩序混乱，要杖责八十；如果因为惊慌而导致市人死伤，则按故意杀伤罪减一等处罚。在这一过程中，如果有人因为惊吓而导致死亡，则扰乱者要流放三千里；如果有人因为仓皇逃跑而摔断了一条腿，则扰乱者要处以三年徒刑；如果在市场骚乱之际，导致市人丢失财物，则根据损失财物的多少对扰乱者以坐赃论。如果不是故意惊动市人、扰乱市场，而是出于过失导致人身伤亡者，则按过失法论罪，可以用铜收赎，铜给被伤害者和亡者之家作为赔偿。

第二，严禁无故在市场中走车马。由于街巷坊市中人很多，乘车马奔跑不但会伤害行人，而且会扰乱市场秩序，所以《唐律》严禁在市场中无故乘车或骑马狂飙，否则就要笞五十；如果因此而导致人员伤亡，则要处以相应的处罚。但是，如果是因为紧急的公务或私人的紧急事务而"飙车"的，则不必受法律的制裁，可以按过失行为处罚。

第三，严禁在市场进行危害皇帝和国家的活动。市场中的人很多，利用集市贸易进行不利于统治阶级的活动等，具有更大的影响和社会危害性。为了维护封建统治，唐政府对此严加禁止。

唐政府十分重视对市容的管理整治。为了使市面整洁、宽敞，唐政府严禁商人和居民侵占市场用地筑墙建房。私自建筑侵占市场，不但要责令拆毁，还要对建筑者加以处罚。大历五年（770），唐代宗下令规定：长安坊、市中的各种桥，不论大小，一律由各个街区的百姓自己负责维修，而且必须在每年正月十五日以前完工。如有违犯，百姓决二十，有关官员也要进行处分。

总之，唐代的市场管理制度比前代更加完善，对唐代商业的发展起到了一定的积极作用。可以说，完善的市场设置，成熟健全的市场管理制度，是唐代商业得以迅速发展的重要保障。

第二节 城乡市场的繁荣

唐代商品流通的市场可以分为城市市场和乡村市场。无论是城市市场还是乡村市场，都远比前代更加发达，主要体现在：城市商业比前代更加繁荣，传统的坊市制逐渐崩溃，市场的空间比以前扩大；由于交易时间延长，许多城市出现了"夜市"；广大农村地区商品种类繁多，草市比以前更加普遍。这一切都说明，唐代的市场比以前更加发达和活跃。

一、城市市场的繁荣

唐代的城市经济比以前任何时期都更加繁荣。唐代的城市可以划分为五个层级：第一层级是在全国市场体系中具有中心地位或枢纽作用的大都市，如长安、洛阳、扬州、益州（今四川成都）、广州，它们是全国的商业中心；第二层级则是区域性市场的中心城市，如幽州、汴州（今河南开封）、苏州、杭州、荆州、洪州（今江西南昌）、梁州、凉州（今甘肃武威）、沙州（今甘肃敦煌）、西州（今新疆吐鲁番）等；第三层级是各地的州城，它们是各个州的商品交换中心；第四层级是县城，它们是各县的商品交换中心；第五层级是县城以下的镇，它们既与州、县联系密切，也与广大的农村市场有着紧密的联系。

1. 城市商业的繁荣

唐朝时期，北方的商业中心是长安和洛阳，南方的商业中心则是东部的扬州、西部的益州和南部的广州。这5个城市是当时全国商业最为繁华的城市，相当于现在的"一线城市"。下面主要谈谈这几个城市的商业情况。

隋初，仍以汉长安城为都。由于汉长安地下水遭到破坏，"水皆咸卤，不甚宜人"，所以隋文帝在汉长安城的东南方向（今西安市）创建了一座规模宏大的新城，当时称为大兴城，唐代改名为长安城。唐代沿用隋大兴城的旧制，并不断修建，使之更加宏伟壮丽。

唐长安城规模宏大，布局严谨，由外郭城、皇城、宫城三大部分组成。外城之中有内城，把皇族居住区、政府机关和居民区分开；坊、市分立，把居民区与商业区分开；坊设围墙，把居民区划分为排列整齐的坊。唐长安城很像棋盘，内部布局整齐划一。

外郭城略呈长方形，东西长9721米，南北长8651米，总面积84平方公里。皇城与宫城位于外郭城内北部正中。宫城在北，皇城在南，是长安城的核心。宫城由太极宫、东宫和掖庭宫组成，是皇帝及皇族居住与处理朝政的地方。外郭城内、皇城两侧及其以南地域为居民区，分布着由纵横街道划分出来的坊、市。城内街道纵横交错，宽敞整齐，尤其是由朱雀门至明德门的朱雀大街宽达155米。

唐长安城在商业市场的设置上颇有独到之处。《周礼·考工记》说：匠人设计国都时，要按照"左祖右社，前朝后市"的设计方案来规划。就是说，营建国都时，要将市场放在皇宫后面（北面），皇宫则应位于市场前面（南面）。汉都长安城的市场布局就符合这个规定。隋唐长安城的市场设置，则抛弃了这个"前朝后市"的传统，

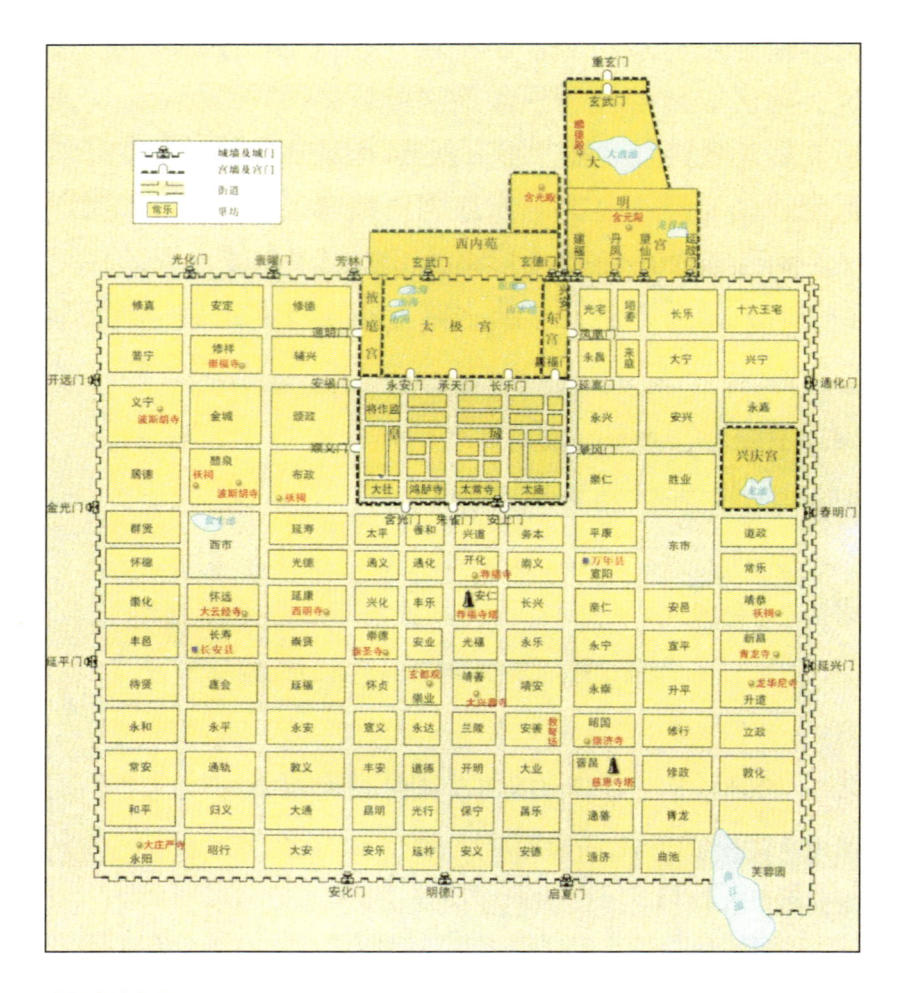

唐长安城布局图

这不能不说是个进步。

唐长安沿用了前代的集中市制，商业市场主要是东市和西市。东市位于皇城东南，隋时称"都会市"；西市位于皇城西南，隋时称"利人市"。东、西二市平面皆呈长方形，各占两坊之地。从东、西二市所处的具体位置来看，基本上处于城区的适中位置。按照这样的设置，不论是居住在城区北部的达官贵族，还是居住在城区南部的普通居民，去市场购物都较为方便，不会过于遥远。此外，在皇城之南有一条横贯城区的东西向大街，宽达120米，是全城的交通干线，由此街向东行可达长安东大门——春明门，向西走则可直达西大门——金光门。而东、西二市的位置恰好就在这条大街之南。东、西二市各有两个北门，这4座北门正好面对这条东西向的大街。由东市北门向东行不远就是长安东大门，而由西市北门向西行不远就是长安西大门，由这两座东、西城门则可通往城外各地。可见东、西二市的地理位置十分优越，交通相当便利。如此便利的交通条件促进了东、西二市的繁荣。

东、西二市都是封闭型的商业市场。市场的四周都筑有围墙，东、西、南、北四面各设两个"市门"。这样，每个市场就有8个市门，以便人员往来和货物进出。在市场内部，又设有两条东西走向的大街和两条南北走向的大街。这4条大街各有名称，分别称为东街、西街、南街、

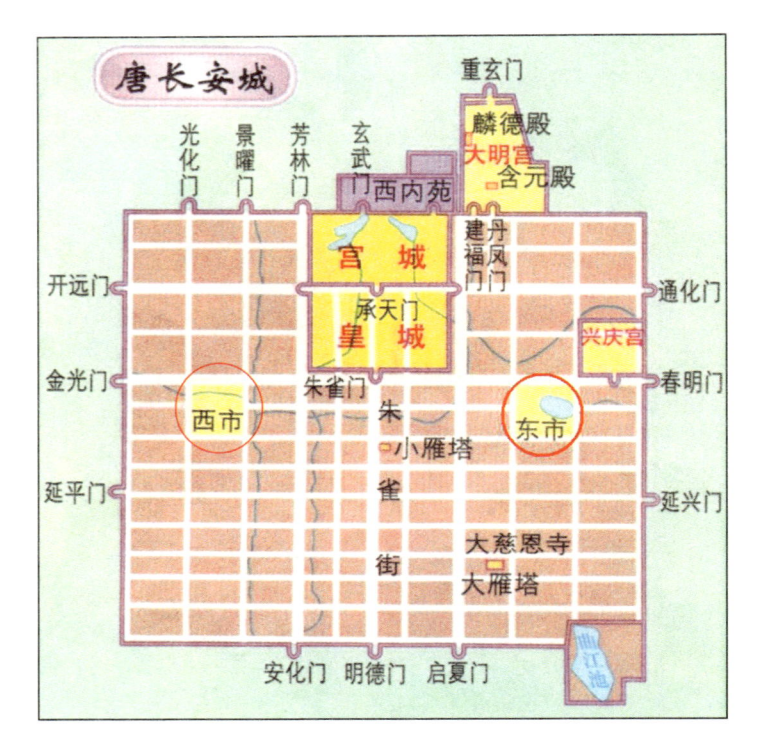

东市和西市在长安城的位置

北街。这4条大街纵横交错，从而形成了巨大的"井"字形街道，每条街道宽度不完全相同，大约是16~30米。这样一来，4条大街就把整个市场划分为9个交易区，每个区四面临街，各种行业的店铺便临街而设。此外，在市内还设有东西南北4条沿墙街道（顺城街）。除了上述较为宽阔的主要大街外，东、西二市内部还设有为数众多的小街小巷，唐朝人称之为"曲"，以便行人和货物进出。在小街小巷两旁，各种商店铺面均临街而设，不可胜计。

西 市

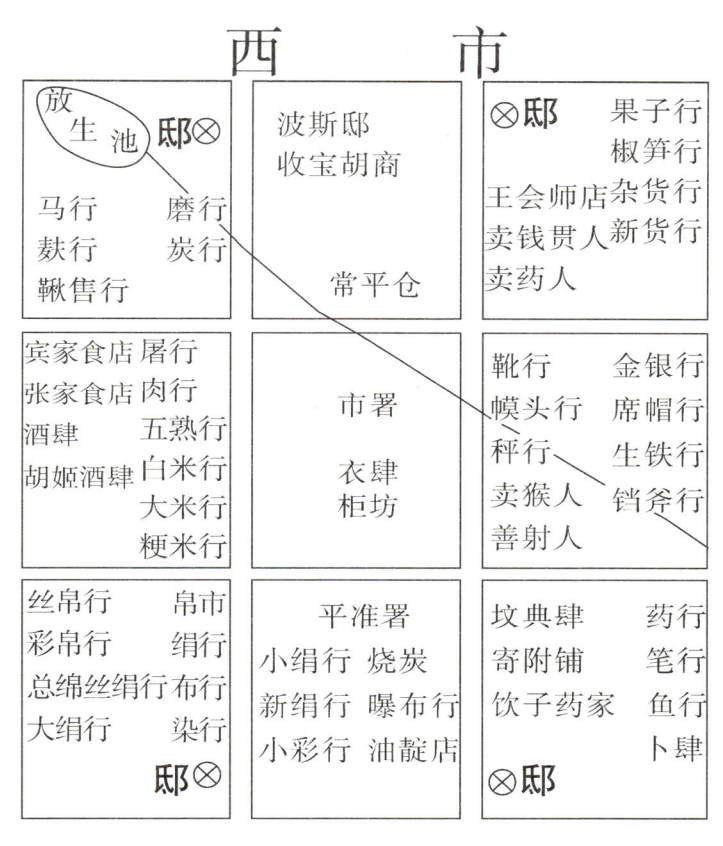

放生池 邸⊗ 马行　　磨行 麸行　　炭行 鞦辔行	波斯邸 收宝胡商 常平仓	⊗邸　果子行 　　　　椒笋行 王会师店 杂货行 卖钱贯人 新货行 　　　　卖药人
宾家食店 屠行 张家食店 肉行 酒肆　　五熟行 胡姬酒肆 白米行 　　　　大米行 　　　　粳米行	市署 衣肆 柜坊	靴行　　金银行 幞头行　席帽行 秤行　　生铁行 卖猴人　锅斧行 善射人
丝帛行　　帛市 彩帛行　　绢行 总绵丝绢行 布行 大绢行　　染行 　　　　邸⊗	平准署 小绢行 烧炭 新绢行 曝布行 小彩行 油靛店 　　⊗邸	垄典肆　药行 寄附铺　笔行 饮子药家 鱼行 　　　　卜肆

长安西市内部结构图

　　据实测，西市的四周有夯筑的围墙，墙基宽均为 4 米多。在围墙内有沿墙平行的街道，街道宽皆 14 米多。市内构成"井"字形的 4 条大街皆宽 16 米，每条大街两侧均设有砖砌的排水沟，而且都是明沟。唐代晚期道路两侧的排水沟在沟壁和沟底上都横铺直砌着长方形的砖。此外，在与大街相连的小巷中，也设有砖砌的暗水沟，并与大街两

141

旁的明沟相连，可见当时市内大街小巷的排水系统相当完备。东市内部也有纵横交错的4条大街，不过街宽都将近30米，比西市之街约宽1倍。东、西二市的四周都是宽阔的街道，这些街道的宽度都在120米左右。总之，东、西二市的区划和布局、排水、市内与市外交通等方面都设计得非常完备。

长安东、西二市规模之大、设置之完备、管理之完善，乃至于市场之繁荣均超过了以前任何都城中的市场。经过实测，东市南北长1000余米，东西宽924米，面积0.92平方公里；西市南北长1031米，东西宽927米，面积0.96平方公里；两市总面积达1.88平方公里，占全城总面积的2.24%。

长安城中还曾设置过另外一些市场，如南市、中市、北市、宫市等。不过，这些市场都远不如东、西二市重要。天宝八载（749），在长安威远营之地设置了南市。唐中后期，在十六王宅（永福坊）一带还设置了一个特殊市场。由于这里居住着大量的皇子皇孙，所以这个市场被称为"宫市"。这个市场的服务对象主要就是这些皇族成员。

十六王宅的位置大体在今西京医院和第四军医大学以北地区，宫市的位置应当在十六王宅附近。唐长安城的市场设置充分显示了城市商业的巨大进步。

唐朝时，长安两市商店林立，商贾云集，百货杂陈，行业增多，交易之盛前所未有。长安东、西二市有大量的"肆"，如帛肆、衣肆、酒肆、茶肆、书肆、鞋肆、毕罗肆、饼肆、鱼肆、凶肆、药肆等。"肆"有时可称为市，如酒肆即可称为酒市。此外还有不计其数的各种店，散布于东、西二市的大街小巷两旁。店的规模可能比肆略小，但数量却相当多。有的店以所卖货物命名，如东市有鱼店，西市有油靛店、法烛店、煎饼团子店等；有的店则以主人姓氏命名，如西市北大街有王会师店、王家店，富商窦乂开设的店称为"窦家店"。

除了店、肆之外，还有大量的"铺"。铺大约和店差别不大，所以史籍中也有店铺连称的。长安东、西二市的固定店铺相当稠密。长安东市内部有220行，四面立邸（商品库房），呈现出"四方珍奇，皆所积集"的盛况；西市的规模与东市大体相当，甚至比东市更加繁荣。

会昌三年（843）六月二十七日深夜三更时分，东市突然失火，结果烧毁"东市曹门以西十二行四千余家"，可见东市的工商店铺之多。有学者据此推测，长安东市共拥有220行，则长安的工商店铺大约有15万家。

考古工作者对长安西市进行了发掘，从发掘的遗址可以看出，店铺非常稠密，市内几乎没有什么空地。店铺一般是面阔6米左右，约为两间；小的店铺仅1间，面阔4米左右；最大的店铺，面阔10米左右，约为3间。在众多的肆、店、铺当中，有些专门经营某一种商品，如鱼店之类；有些则以某种商品为主，兼营其他商品。当时还有一种兼营各种杂货的"星火铺"，经营的商品相当庞杂，无所不有，相当于土产杂货商店。此外，长安西市还出现了"寄附铺"，与近现代都市中的寄卖店颇为类似。

唐代长安城中不仅商店众多、商贾云集，商品也相当丰富，品种比前代大为增加，呈现出琳琅满目的繁盛景象。在同类商品中，品种也显著增多。比如，长安市场上酒的品种相当多，当时东、西二市有许多酒肆、酒楼、酒店，生意兴隆，其所售如"西市腔""郎官清""阿婆清"等

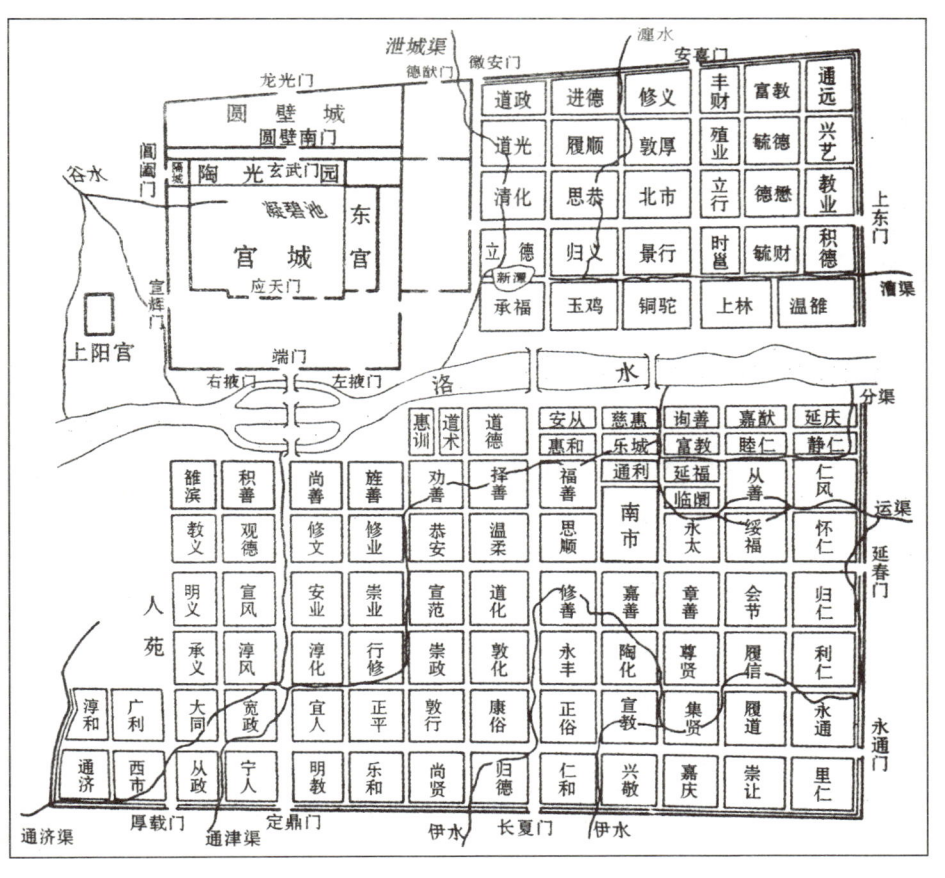

唐朝东都洛阳城布局图

名酒备受消费者欢迎。

　　唐朝时，洛阳是东都。由于洛阳地理位置适中，距离江南地区比长安更近，水陆交通条件优越，所以转运物资更加方便。隋唐之际，洛阳虽然遭到战乱破坏，但到唐朝时，洛阳的商业迅速繁荣起来。唐朝时，东都洛阳设有南

145

市、北市、西市三个市场，它们分别位于漕渠、运渠、通济渠的附近，交通十分便利。当时，在北市以南，由于往来车船太多，唐政府只好又开新潭以停泊船只。但是，由于全国各地的舟船汇集于此，停泊在这里的船只常常达到一万多艘，以至船只填满了河面，常常是"车马填塞"，导致交通拥堵。

扬州地处长江与运河汇合处，地理位置优越，所以它成为南北交通运输的枢纽城市。安史之乱后，扬州是淮南节度使和盐铁转运使的治所、食盐的集散中心，南方地区的茶叶也往往通过扬州运往北方。由于海船可以直达扬州，所以扬州成为唐与东亚贸易的重要港口城市，不少外国商人到这里从事贸易。中唐以后，唐政府所需要的物资，绝大部分都来自江南各道。于是东南地区成千上万的船只集中在扬州，然后再驶向京师地区。唐人常常盛赞扬州的繁荣，甚至有"扬一益二"之说。在唐代诗人张祜的笔下，扬州呈现出这样一幅繁华景象：

十里长街市井连，月明桥上看神仙。

人生只合扬州死，禅智山光好墓田。

扬州在唐朝对外贸易中居于重要的地位，不少新罗、日本等国的商人都到这里来做生意，甚至连中亚、西亚各国的商人也到此经商。所以，唐朝时，扬州的外国商人特别多。肃宗时，田神功率兵讨伐刘展之乱，结果使扬州"大食、波斯贾胡死者数千人"，这个数字可能有所夸大，但也可以看出扬州外商数量的确是很多的。

东晋南朝时，广州的商业和对外贸易就比较发达，在这里当官很容易发家致富。但因当时这里的瘴气比较严重，北方人都怕到广州当官，所以历任广州刺史中贪官比较多。

唐朝时，广州的商业更加繁荣，特别是这里的对外贸易相当发达。广州是唐朝最重要的对外贸易港口城市，唐朝的商船从广州出发，可以到达东南亚、南亚以及西亚各国，而各国的商船也纷纷到广州来进行贸易。当时，广州珠江江面上有婆罗门、波斯（今伊朗）、昆仑等国的商船，不计其数，这些外国商船装载的香药、珠宝等货物堆积如山。广州的外国商人很多，于是唐政府在广州设立了外国商人集中居住的街区——番坊。

除上述最为繁华的一等商业城市外，还有不少城市如西州（今吐鲁番）、沙州（今甘肃敦煌）、凉州（今甘肃武威）、苏州、汴州（今河南开封）等的商业也相当繁荣。

2.市场空间的扩展——坊市制的破坏

唐代城市商业市场的发展，集中地体现为商业市场的空间不断向外扩展。按照以前的规定，城市的市场都设置在城墙以内；晚唐时，由于商品交易的繁忙，市场设置已突破了城墙的限制，有的城市已经将"市"设在了城外。840年，日本高僧圆仁在唐求法时，就发现莱州（今属山东）城外西南设有一个市。

景龙元年（707），唐政府规定：凡不是州城和县城，都不得设立官办的市场。中唐以后，随着商品交换的不断发展，唐政府的这一规定出现了松动。唐宣宗大中五年（851）规定："在交通要道之地，若以前交易比较繁忙，可以按照县城的级别设立一个市。"就是说，在交易繁忙的交通要道上也可设置市场，报尚书省批准后，可以设置市令1人、史2人。

唐代市场空间的扩展，集中地体现为传统坊市制的破坏。唐以前实行严格的坊市制，坊（居民区）和市（商业区）截然分开，商业活动只能在市中进行，居民区中不得从事商业活动。唐前期也实行这一制度。但是，由于城市商品经济的迅速发展，这些限制逐渐被冲破，坊、市分设的格局越来越难以维持。

早在唐中宗神龙年间以前，长安东、西二市的商人就发现经营场地不够用。于是商人在自家店铺的前面扩建新的店面，称为"偏铺"。后来偏铺日渐增多，有人甚至将偏铺扩建到大街边上，这种现象在洛阳也很常见。707年，中宗规定："长安和洛阳各个市场中，商人原来已有正铺者，不得在正铺前面另行建造偏铺，但允许使用一般的'偏厢'。"偏铺在长安、洛阳等城市大量出现，充分说明城市的市场空间在逐渐扩大。

更重要的是，商人还把商业活动的空间范围从固定的市区扩大到了居民区，从而使传统的坊市制逐渐趋于崩溃。唐长安城的坊（居民区）中，存在大量的商业活动。

唐朝以来，饮茶风气日趋兴盛，长安不少居民区中就出现了经营茶叶生意的茶肆，例如永昌坊中就有茶肆。永昌坊的位置很特殊：北边不远处是大明宫，西侧是东宫和太极宫。

唐文宗即位后，不甘心受宦官控制，决心清除宦官势力。公元835年，文宗与大臣李训、郑注等人设计谋杀宦官；不料事情败露，结果血染宫廷，史称"甘露之变"。

这天早上，宰相王涯与同僚正在政事堂准备吃饭，突然有人报告说："一群士兵从宫中冲出，见人就杀！"王涯和大臣们连忙向宫外逃跑。他们很快就逃到了永昌坊的一个茶肆。不久宦官率领禁军追到了永昌坊茶肆，王涯等人被禁军抓获。几天后，李训、王涯等朝廷要员均被处死。"甘露之变"前不久，王涯曾建议改变茶叶专卖法，大幅度提高茶税，百姓怨声载道。而他被抓捕时恰好在永昌坊的茶肆里，不知他作何感想？

崇仁坊是长安城中最为繁华的一个居民区，这个坊"昼夜喧哗，灯火不绝"。它西邻皇城，与尚书省等行政中心仅一街之隔，它的东南角与东市隔街相望。就是说，它的西边是权力中心，南边是购物中心。崇仁坊南邻宽阔的春明门大街，顺着这条大街向西走可以到西市购物，向东走不远即可到达东市。长安流动人口众多，在长安城没有住宅的官员也往往选择在崇仁坊购房或租房居住。所以，崇仁坊房屋租赁业尤其发达，旅馆众多。855年，日本高僧圆珍到长安学习佛法，就在崇仁坊的王家店居住。崇仁坊不仅有众多的旅馆，还有制造乐器的作坊。

胜业坊东邻兴庆宫，南边则与东市隔街相望，胜业坊的南门与东市的两个北门很近。这个坊中有不少商人居住。长安著名富商邹骆驼起初并不富裕，当他还是一个小商贩时，就经常推着小车在胜业坊中卖蒸饼。

长安城中，不仅东、西二市有酒坊、酒肆，居民区中也有酒坊和酒肆。长安长乐坊出产的"郎官清""阿婆清"等都是闻名遐迩的美酒。从长安城东门到曲江池一带，沿途的酒肆、酒店不可胜计，许多文人墨客常到这里对饮，留下了大量关于饮酒的诗篇。唐人郑谷《曲江》诗云："细草岸西东，酒旗摇水风。楼台在烟杪，鸥鹭下沙中。"薛逢《九日曲池游眺》诗云："陌上秋风动酒旗，江头丝竹竞相追。"刘禹锡《堤上行三首》诗云："酒旗相望大堤头，堤下连樯堤上楼。""酒舍旗亭次第开，日晚上楼招估客。"这些诗充分反映了曲江一带酒肆之多，而且酒肆、酒馆门前往往还悬挂着酒旗。

酒旗也称为酒望、酒帘等。酒店或酒馆常常在店门前或路边悬挂一个写着大大的"酒"字的锦旗，人们从远处就可以看到这里有卖酒的商店。它是中国古代一种古老的广告形式——招幌广告。酒旗迎风飘展，引人注目，对喜好喝酒的人极具吸引力。

长安一些居民区中，即使是小巷子也有卖酒的小酒馆。684年的一天，十几个士兵模样的男子骑着大马，飞奔出了宫城。他们很快来到宫城附近的一个坊中，拐了几个弯，便进入一条小巷子中，在一个酒馆门前停下了马，急急忙忙进入酒馆。这些是什么人？他们为什么要到如此偏僻的小巷子来喝酒？难道是因为这里的酒特别好喝？

原来，这些人的身份很特殊。他们正是唐王朝负责宫廷保卫的禁卫军，隶属于禁军"飞骑"部队。他们今天到这个小酒馆喝酒，其实有一个重要目的，就是商议发动宫廷政变。难道他们真的想要谋反？要说清他们来此喝酒的目的，还得从当时的政局说起。

683年高宗死后，儿子李显即位，史称唐中宗。武则天临朝称制,掌握朝中实际大权。不久,中宗准备任命岳父韦玄贞为侍中,裴炎不同意,中宗大怒说:"我就是把天下交给韦玄贞又有何不可?"裴炎连忙将此事报告给武则天。武则天怒不可遏,决心废掉中宗。684年农历二月,武则天废掉中宗,将其贬为庐陵王。中宗急了,连忙说:"我有什么罪?"武则天说:"你都想把天下交给韦玄贞了,还说没有罪?"随后,中宗被囚禁起来。第二天,武则天又把儿子李旦立为傀儡皇帝,史称睿宗。睿宗虽然为皇帝,但并无实权,所有军国大事都得听命于武则天。

这十几个飞骑兵将士到小巷中喝酒,就是不满武则天独断专权,密谋发动政变。他们当中有一个人说:"早知道是这样,还不如一直让庐陵王(中宗)为帝呢!"他们商议如何发动政变,营救中宗。正在商议时,一个人偷偷地溜出去向上级告密。很快,这些人就在酒馆里被全部抓获。主谋者被判斩刑,其余十几个人被判绞刑,告密者则被任命为五品高官。由此事可以看出,在长安宫城附近的居民区小巷中也有酒肆。

酒肆一方面酿酒,同时也卖酒。常乐坊所产的美酒更是名闻京城。有些酒馆还采用"赊销"的方式卖酒。韦应物《陪元侍御春游》诗说:"贳酒宣平里,寻芳下苑中。"可见长安宣平坊中有酒馆,而且采用了一种较为高级的商业信用模式——赊销来卖酒。

长安城坊中的饭馆更是不计其数。长兴坊就有胡人经营的毕罗店。有位明经考生竟一次在这个饭馆吃毕罗达2斤之多。毕罗就是现在中亚、新疆等地伊斯兰教民族中盛行的"抓饭"。

唐长安城中几乎所有的坊都存在商业活动。例如,在朱雀街以东宣平坊内有卖油者和酒馆;开化坊西北角有酒肆;光宅坊有车坊;崇仁坊以北的永兴坊中有卖鱼者;靖恭坊中有造毡的毡曲;颁政坊中则有馄饨曲。朱雀大街以西延寿坊有卖金银珠玉者。长安东门之一春明门附近,则有卖馎饦的小商贩。太府卿崔洁等人过天门街时,偶逢有人卖鱼,便令随从买了10斤鱼。天门街位于皇城内,这里居然也有卖鲜鱼者。丰邑坊有租赁、出售丧葬用品的凶肆。春明门至游览胜地曲江池一带,沿途有不少酒肆。

即使在高官显贵住宅附近,仍然有不少饼肆等摊点。

顺宗时，权臣王叔文、王伾及其党羽十几人权势显赫，这些人的家门口常常是昼夜车马如市。客人想要见王叔文、王伾很难，有些人便睡在这些权臣私宅附近的饼肆、酒垆下。大概客人很多，饼肆、酒垆的主人要他们交1000钱才容许他们在此停宿。可见即使在高官显贵的住宅附近，仍有不少饼肆和酒馆之类的商业摊点。

长安城中有不少卖胡饼的少数民族商人，坊中的饼肆也日益增多，升平坊中就有胡商卖饼的摊点，在坊门附近就有"胡人鬻饼之舍"。通化门附近则有木工作坊，名为长店。在东市西面的平康坊则有卖姜果的。宣阳坊有彩缬铺。

长安作为隋唐国都，往来于此的官僚、士人、僧尼、道士、商人、赴京应举的考生、外国使节等非常多，流动人口数量之大是其他城市所难以比拟的。正因为如此，长安的商业服务性行业也在蓬勃发展，其中最突出的就是旅馆业和租赁业的兴盛。据记载，长安居民区中有大量的旅馆，这些旅馆散布于务本坊、长兴坊、永乐坊、永兴坊、亲仁坊、宣平坊、崇仁坊等等。上述坊大多位于东、西二市附近，说明市场附近的旅馆最为密集，旅馆与商业市场关系密切。旅馆业的兴盛正是市场兴旺的一个重要标志。

总之，长安居民区内的各种商业活动日趋活跃。这充分说明，长安城中市场交易的空间范围明显扩大，商业活动已经逐渐模糊了坊、市之间的界线，坊市制正在走向崩溃。

3. 市场交易时间的延长——夜市的广泛出现

唐初规定官方设立的市场必须在"日入前七刻"停止交易，关闭市门，夜间不得进行商业活动。同时，城市中还实行夜禁制度：晚上夜鼓之后，坊门和市门必须关闭，不许在大街上随便走动。

但是，随着商品经济的发展，唐政府的上述限制逐渐被冲破，"夜市"的普遍出现就是一个有力的证明。由于市场交易日趋活跃，如果把商业活动限制在白天进行，显然已不能满足城市各阶层居民的需要，所以商业活动的时间不断延长，直至延长到夜里。

长安的夜市，最迟在唐文宗以前就已出现。大概是因为夜市里人太多太杂，容易滋生不法活动，840年12月，唐文宗下令规定："长安的夜市宜令禁断。"说明在此以前长安就已出现夜市。

其实，早在唐肃宗至德年间，长安城中侵街建宅、临街开门的现象就已经很难控制。晨钟敲响之前，就已经有人早早地打开了坊门，而有些坊门直至深夜却仍然未关闭。随着城市居民夜间生活的兴起，夜市便在各个城市出现。德宗贞元末年，一个外地平民男子游走于长安酒肆之中，边走边吟诗，并向酒家要酒喝。直到夜里，他已经喝得酩酊大醉，却仍不想回旅馆。可见在德宗时，长安城夜晚已经有酒肆仍在营业。韦庄《秦妇吟》也说："朝闻奏对入朝堂，暮见喧呼来酒市。"长安夜间的酒肆还是相当热闹的。

唐武宗时，喜欢纵情畅饮的王式任京兆少尹。王式性情豪放，不拘小节。有一次，有人在坊巷中当街进行歌舞表演，演出到黎明时分仍未结束。王式路过时被他们的表演所吸引，于是便驻马观看。跳舞的人很高兴，主人便手持酒杯给他献酒，王式笑了笑，接过来便喝，并对主持表演的人表示感谢。京城长安城中，有人在坊中拦街通夜设祠乐，王式作为京兆少尹不加制止，反而参加饮宴，可见夜禁制度已逐渐松弛。崇仁坊靠近东市，异常繁华，常常是"昼夜喧呼，灯火不绝"。

夜市是商业迅速发展的必然产物，也标志着唐代城市商业的空前繁荣。尽管唐政府下令禁止夜市，但很难起到作用，人们在夜间从事商业活动非但没有完全取缔，反而更加普遍。

扬州的夜市更是灯红酒绿，歌舞之声不绝于耳，吸引了大批游人、商贾、文人骚客。每到夜晚，夜市里人来人往，异常繁华。唐代诗人留下了许多称赞扬州繁盛的诗篇。徐凝《忆扬州》诗说："天下三分明月夜，二分无赖是扬州。"李绅《宿扬州》诗说："夜桥灯火连星汉，水郭帆樯近斗牛。"扬州夜市的繁华给这些文人留下了极为深刻而美好的印象，令他们流连忘返。描绘扬州夜市最为有名者当属唐代著名诗人王建，王建《夜看扬州市》一诗对扬州夜市有生动描绘：

夜市千灯照碧云，高楼红袖客纷纷。

如今不似时平日，犹自笙歌彻晓闻。

苏州也有夜市，而且颇具江南情调。杜荀鹤《送人游吴》诗云："夜市卖菱藕，春船载绮罗。"杭州的夜市也颇具江南情调，杜荀鹤《送友游吴越》诗说："夜市桥边火，春风寺外船。"楚州（今江苏淮安）的夜市，灯火通明，非常热闹，卢纶《送吉中孚校书归楚州旧山》诗云："沿溜入闾门，千灯夜市喧。"广州的夜市，人来人往，喧嚣声中还杂有外国人的南腔北调，张籍《送郑尚书出镇南海》云："蛮声喧夜市，海色浸潮台。"象州也有夜市，张籍《送南客》诗说："夜市连铜柱，巢居属象州。来时旧相识，谁向日南游。"

在唐代，北方的夜市比南方少。汴州虽然是北方城市，但由于地理位置重要，这里的夜市也极为热闹。王建《寄汴州令狐相公》诗说："水门向晚茶商闹，桥市通宵酒客行。秋日梁王池阁好，新歌散入管弦声。"

总体说来，唐朝中后期，夜市越来越多地出现在各地，而且南方地区的夜市更为兴盛。

二、乡村市场的兴旺——草市的发展

由于商品交换的发展，在城市郊外或交通要道（如渡口）也出现了商业活动。起初，这些地方只是临时性的买卖场所，后来进一步发展成为固定的交换市场，这就是草市。

起初，草市可能是农民出售草料（饲料和柴草）、购买生活用品的场所。为了搬运和交易的方便，草料的贩卖都在城外，时间长了就成为草市，别的商品也在市上买卖。也可能由于市场是非正式的、草率的，或由于市场之屋舍铺席以草为之，所以人们将这些商品交换场所称为"草市"。

唐代的草市是指那些在州县治所之外的非官办市场，文献中常常称为小市、山市、水市、鱼市、橘市、墟市、亥市等。这些草市大约可分为两类：一类是定期交易的乡村市集，即所谓"当集则满，不当集则虚"。在定期交易的日子里，草市里人来人往，交易兴旺；但在不交易时，草市里则是空空荡荡，没有商店，没有居民，也没有交易活动。第二类则是初具城市规模的市镇，这里有经常进行商业活动的固定店铺以及一定数量的工商户居住。

随着商品交换的日趋活跃，州县城市以下的广大乡村地区，草市大量出现，在唐人诗文中常可见到"草市"一词。王建《汴路即事》诗说："千里河烟直，青槐夹岸长。天涯同此路，人语各殊方。草市迎江货，津桥税海商。回看故宫柳,憔悴不成行。"这是汴河渡口的一个草市。这个草市所在的渡口是水上交通要道,南来北往的商船在此会合,各地的商品在这里装运、起船、交换,来自不同地区的人们使用各地的方言,所以才会呈现出"天涯同此路,人语各殊方"的热闹景象。

有一类草市位于城市的郊区。这些地方大多属于城乡接合部,因为它便于城市和乡村之间的物资交流,所以逐渐发展成为草市。万年县的太宁驿是县城东的草市,东至昭应驿四十六里,西至秦川驿四里,可见太宁驿草市在长安城东郊。

唐中叶以后,草市大量出现。江南地区江河纵横,水上交通发达,因此在许多江河码头形成了草市。李嘉祐诗云:"草市多樵客,渔家足水禽。"这是楚州(今江苏淮安)的草市。郑谷《峡中寓止二首·二》诗云:"夜船归草市,春步上茶山。"韦庄有一首诗描绘了洪州(今江西南昌)建昌县渡口边的一个草市:"市散渔翁醉,楼深贾客眠。隔江何处笛,吹断绿杨烟。"这是江边的鱼市(草市),而且市里居然还有楼房(旅店),住有商贾。张籍《泗水行》诗云:"城边鱼市人早行,水烟漠漠多棹声。"这是位于城市旁边的草市,由于靠近泗水河,故以卖鱼为特色。

安史之乱后,荆州(今属湖北)人口大量增加,交易市场也迅速增加。在荆州城东漕河岸上就有一个草市,兴起于唐初,直至今天这里仍是一个2万余人的集镇,名字仍叫"草市";荆州城南则出现了"沙头市"。元稹曾夜游沙头市,并写诗说:"阗咽沙头市,玲珑竹岸窗。"王建诗说:"沙头欲买红螺盏,渡口多呈白角盘。"沙头虽是一个草市,但它在唐代形成市镇后,经济地位逐渐上升。荆州城西郊还有一个"曾口市"。这样,中唐以后,荆州城郊四周就有后湖市、草市、沙头市及曾口市等几处非官方设立的市镇或市集。

844年春天,杜牧转任池州(今安徽池州)刺史。当时,池州江贼横行。杜牧上任后不久给宰相李德裕写信说:"江淮地区的草市都位于江河两岸,不少富室大户居住在草市,有着经常性的商品交易,而且还有店肆。"这种草市已经不同于传统的乡村定期集市,因为定期集市的交易有时间间隔,或两三天一次,或十天交易一次。因为草市交易兴旺，往来的商人很杂，一些不法之徒便开始专门到草市里劫掠商人财货。他们成群结队，二三十人为一伙，最多可达百人以上，专门到草市"劫杀商旅"。劫掠商人财物后，他们就进入山里买茶然后转卖，于是茶山成了"江贼"的销赃之地。当时，每当茶叶成熟后，各地的商人都带着金银财宝到茶山采购茶叶，当地人对此习以为常，官员见了也不盘问，因此这些江贼可以大摇大摆地到茶山里销赃。他们在茶山买茶以后，出山时便又成了普通百姓。有些草市的店肆也与江贼狼狈为奸，所以官府对此无能为力。后来，宣州（今安徽宣城）、扬州、池州、黄州等沿江州县统一行动，一举歼灭江贼，江淮一带的社会治安大为好转。

江南有不少乡村市集称为"亥市"。如白居易坐船从江州到岳州，称沿途"亥市鱼盐聚，神林鼓笛鸣"。亥市最初是定期市集，随着商品交换的发展，交易的间隔逐渐缩短，甚至消失，最后发展成为拥有固定店铺的市镇。

洪州分宁县本来是洪州境内的一个亥市，因为这里物产富饶，江（今江西九江）、鄂（今属湖北）、洪（今江西南昌)、潭(今湖南长沙)四州的商人都来此进行贸易,所以这里的交易很兴盛。唐政府为此于贞元十六年(800)在这个草市置县,将其作为分宁县的县城。这个亥市不仅从乡村定期市集发展成为市镇,后来还发展成为一个新的县城。这种由定期市集转化为市镇的情况,在长江中游并不少见。

唐代岭南地区广泛存在着一种被称为"墟市"的市场形式。墟,含有村落之意。墟市有一定的地点和时间,一般设在交通比较便利、人口较多的村落里。墟市里起初没有什么建筑物,后来逐渐有了以稻草盖的廊、亭、棚等,以遮风避雨。墟市是一种定期交易的集市,"有人则满,无人则虚"。墟市上所出售的商品,主要是农民生产的农产品,如米、菜、水果、柴、鱼等以及家庭手工业品,往往是农民之间的商品交换,有些则是农民把自己的剩余产品卖给商人,以换取现钱或当地不能生产的商品。

草市、墟市等形式的市场,是联系城市市场和农村市场的桥梁,是唐代商品市场发展中的重要一环。它为农民的商品交换、商人的经营活动提供了方便,农民不需要进城，商人也不用走乡串户去收购农民的产品，双方都可以节约时间，有利于生产和商品流通。这种贸易形式的发展，说明唐代的商品交换进一步向农村地区伸展，这是唐代商业发展的重要标志之一。

在草市发展的基础上，有的地方形成了以某一类商品为主的货物集散地，即在草市中出现了专业性的市场。这是唐代后期才出现的新情况，它无疑是唐代商品经济发展的产物。在专业性草市中，以茶市最为著名，此外还有蚕市、橘市、药市、木材市等。

第三节　经营天下遍，却到长安城 ——国内商人的活跃

随着国内外市场的进一步扩大，商人阶层也日益壮大。不论是财大气粗的富商大贾，还是小本经营的中小商人，乃至少数民族商人和来唐经营的域外商人，他们在商品流通领域都非常活跃。各类商人的数量、来源、资金实力、

经营之道、投资方向、财富积累各不相同，其社会地位也有明显差异。商人重利轻别离，为了获得商业利润，不顾艰难险阻，走南闯北，贩运人们所需要的各种商品。他们的经营活动充分显示了唐朝商业的空前繁荣。

一、财大气粗的富商大贾

唐代商人可划分为两类：一是行商（贩运商），主要从事长途贩运，他们属于批发商；二是坐贾，主要是设店经营，有固定的店铺，他们属于零售商。如果按照商人的经营规模来划分，则可以分为富商大贾和中小商人两大类。

这里先谈谈那些财大气粗的富商大贾。

富商大贾属于商人阶层的上层分子，资金雄厚，从商经验丰富，经营规模较大，社会地位亦远非中小商人所能比拟。唐朝时，商品生产和交换日趋发达，富商大贾不断涌现。唐朝前期一方面公布了贱商令，加强了市场管理制度；另一方面，国家则放松了对主要商品如盐、铁、酒的控制，不实行专卖，还取消了关税。这种社会经济环境给了大商人绝好的发财机会，所以他们在唐前期非常活跃。安史之乱后，政府财政困难，主要商品实行专卖政策，并征收关税,但并非以打击、排斥富商大贾为务,而是与之合作。富商大贾的发展有了更加广阔的天地。唐前期,富商大贾大多集中于北方地区,特别是在长安、洛阳等城市;唐后期,随着经济重心的南移,许多著名的富商大贾崛起于南方地区。

长安作为唐朝国都,吸引了无数外地商人到这里经商,甚至不少外国商人也到长安做生意。为什么各地乃至外国商人都纷纷到长安经商?主要是因为这里的市场需求远远大于其他城市,在这里赚钱更容易一些。首先,长安居民众多,最多时可达100万人,而且每年都有不少到长安参加科举考试的考生、到此办事的官员,外国使者、僧人、留学生在长安的也相当多,所以长安的流动人口数量相当大,加之高官显贵云集于此,他们又具有极强的消费能力。上述因素都使得长安城对各种商品的消费需求非常大,商人在此做生意就很容易赚钱。据严耕望先生估计,唐长安的工商业者可能多达40万甚至50万人以上,东、西二市的店铺多达10万户,说明长安的工商业人口相当多。在这众多的商人当中,就有一大批人是富商巨贾。

唐人元稹《估客乐》一诗将当时商人的经营活动描述得相当生动：

> 求珠驾沧海，采玉上荆衡。
> 北买党项马，西擒吐蕃鹦。
> 炎洲布火浣，蜀地锦织成。
> 越婢脂肉滑，奚僮眉眼明。
> 通算衣食费，不计远近程。
> 经营天下遍，却到长安城。
> 城中东西市，闻客次第迎。
> 迎客兼说客，多财为势倾。
> 客心本明黠，闻语心已惊。
> 先问十常侍，次求百公卿。
> 侯家与主第，点缀无不精。
> 归来始安坐，富与王者勍。

为了采购贩卖宝珠、玉、良马、鹦、火浣布、蜀锦，他们乘船下海，北到党项地区，西到吐蕃，也到过四川和吴越地区，甚至还贩卖奴婢。他们最后的落脚点还是京城长安。长安的商人听说他们来了，都很高兴，热情接待他们，给他们介绍买主。长安的王公贵族和文武百官购买力很强，把东西卖给他们可以有一个好价钱，为了获得更高的利润，这些商人便奔走于王公百官之家。

长安的富商大贾不仅有来自全国各地的和来自外国如大食、波斯、昭武九姓、回纥等的，长安当地的一些中小商人和手工业者，也有人因经营得方而上升为富商大贾，贞观时期的裴明礼和德宗时的窦乂就是其中的典型代表。

唐长安的富商大贾可谓层出不穷，其中著名的主要有：唐初有裴明礼、邹凤炽等；中唐有郭行先、杨崇义、任宗、郭万金、任令方、刘逸、李闲、卫旷等；唐后期有窦乂、王布、张高、王酒胡、李泳、王宗等。

长安富商大贾的经营活动和经营内容十分广泛，其致富途径也堪称丰富多彩。大致说来，其经营内容几乎遍及粮食贩运、纺织品、水产品、木材、生活用具、生产用具、医药、畜牧、养殖、茶叶、盐、酒、粮食加工、金银珠宝等高档奢侈品、奴婢买卖、高利贷、质库、邸店等等。总之，凡是能够赚大钱的，都在其经营范围之列。

唐太宗时，长安富商裴明礼的经营之道和致富途径就很有特色。他很善于经营，常常"收人间所弃物，积而鬻之"，迅速发家致富。他在长安金光门外购买了一块不毛之地，将地中瓦砾等杂物彻底清理，然后在此饲养牛羊，用牛羊粪给土地施肥，等土地肥沃后，栽种各种果树。果树长势良好，收成颇丰。后来他又在院子里养蜜蜂，种植蜀葵和各种花果，蜜蜂采集各种花粉酿蜜，也使得蜂蜜的质量大为提高，销路很好。

高宗时，长安怀德坊南门的东边住着一位富商邹凤炽，他两肩高而且背部有点弯曲，当时人称"邹骆驼"。他家非常有钱，经营的"邸店园宅，遍满海内"，能够做到"四方物尽为所收"。"邸"相当于货栈，"店"即商店。他主要经营货栈和商店。随着商品交换的日趋活跃，长安的外来客商越来越多，邸店便成为接待外来客商的重要场所。经营邸店的富商大贾，不仅为客商提供堆存货物的便利，也组织居间交易，或坐地收购外地客商的货物。长安东、西二市设置的邸很多，所以经营邸店的富商颇多。

德宗时，长安巨商窦乂的致富历程及经营之道也很奇特。窦乂13岁时，一位亲戚从安州（湖北安陆）带回十几双丝鞋送给外甥、侄子作为礼物，窦乂也得到一双丝鞋。他私下把这双丝鞋拿到西市卖掉，得了500文钱，用这笔钱在铁匠铺打造了两个小锸。

春天时，榆树上的榆荚满天飞舞，窦乂便收集了很多榆荚藏起来。他的伯父在嘉会坊里有一处庙院。窦乂找到伯父，说他想借嘉会坊这处庙院学习，伯父同意了。于是，他用小锸在庙院里开垦隙地，种植榆树。到秋天时，榆树长到一尺多高。第二年，榆树长到三尺多高，他用斧子砍伐树枝，把太稠的树苗砍掉，只保留那些枝条端直的。他把砍下来的树枝捆起来，直径二尺为一束，结果捆了100多束。秋天时，霖雨不止，他便把这些树枝拿去卖，每束卖十几钱，共得1000多钱，这是他的第一桶金。次年，他又获得200多束树枝，此时获利达到几倍。五年后，他把那些大树砍下来做木材，结果得到1000多棵，总共卖了三四万钱。留在庙院里的榆树还有1000多棵，它们都已经成材了。

此后，他又收购破麻鞋、槐子、油靛，用出售榆木的钱做资本，广招雇工，以槐子、油靛和破麻鞋等制造法烛1

万余条。建中初年，他出售法烛，每条100文，"又获无穷之利"。后来，他用3万钱在长安西市购得一块低洼地，将其平整之后，建造商店20间，因为店的位置很好，每日可获利数千。这些店就是长安著名的商店——窦家店。其后他又经营房产、珠玉、木材等，获利丰厚，以至成为名闻京师的巨商。像窦乂这样的巨商在长安绝非少数，他只是其中的一个典型代表而已，史籍中没有留下具体姓名的富商大贾还有不少。

唐朝时，北方人的粮食主要是粟和小麦。要把粟碾成小米，把小麦加工成面粉，必须用碾、硙来对其进行加工。长安人口众多，每天消费的小米和面粉数量相当大，至少需要几十万斤以上。如此庞大而稳定的消费需求，促使长安的碾硙业即粮食加工业迅速发展起来。于是，长安的一些富商大贾看到了极佳的商机，他们纷纷经营粮食加工业。当时，长安周围河渠上的私家碾硙作坊多达100所以上，经营者大多数都是长安的富商大贾。

富商大贾们还常常利用物价波动来获取厚利。每当农产品收获季节，农民为了按时给国家交纳货币税，急于出售农产品,商人们便乘机压价贱收,从中渔利;而当农产品歉收时,他们又往往囤积居奇,高价出售农产品,结果使广大农民深受其害。

不少富商大贾还从事金融投机活动,以获取高额利润。在唐代,私人盗铸的钱币重量不足,含铜量少,被称为"恶钱"。开元年间,长安市场上恶钱不断增多。京兆府规定:不允许用恶钱换取好钱。当时,盗铸钱币的窝点大多集中在江淮地区。一些富商大贾和不法之徒勾结起来,暗中将好钱运到江淮地区, 1文好钱在当地兑换5文恶钱,然后又将换来的恶钱运回京城,结果造成长安市场上恶钱不断增多,这些富商、奸人却从中获利4倍。德宗以后,货币流通领域出现了"钱重物轻"现象,富商大贾们更是乘机积钱以逐轻重,以牟取暴利。此外,长安富商大贾还经营飞钱、柜坊、质库、高利贷、金玉珠宝、茶叶、盐等。

由于商业日趋活跃,富商大贾们获得了极其丰厚的商业利润,积累了惊人的货币资本和金银财富。他们一个个财大气粗,生活奢侈。富商邹凤炽积累的金银财宝不可胜计。他过着锦衣玉食的生活,家里有大量的奴婢为其服务,各种用具无比奢侈。他的女儿出嫁时,他向社会名流广发邀请,甚至还邀请朝中官员参加婚礼。举行婚礼时,前来祝贺的宾客多达几千人,婚礼场面豪华壮观。他女儿出门时,身边围着一大群侍婢,侍婢都身着绫锦,打扮得珠光宝气,艳丽无比,来宾们无不惊叹,竟分不出哪一位是新娘子了!到了夜间,他还提供华丽的帐幕供来宾休息,其财力之雄厚实在令人惊叹。

玄宗时,长安的富商大贾更是层出不穷,其中著名的就有任令方、郭行先、杨崇义等。杨崇义的富有已经传了几代了,他的住宅、衣服、车马、生活器具的豪华程度,已经和王公贵族没有什么两样。

玄宗时,长安巨商王元宝号称"都中巨豪"。其生活异常奢侈,"常以金银叠为屋",墙壁用红泥粉刷,当时人把他家称为"王家富窟"。因为唐朝钱币"开元通宝"钱上有"元""宝"两个字,所以,人们又把开元通宝钱称为"王老"。

玄宗曾召见王元宝,问他:"人都说你很有钱,不知你到底有多少钱?"王元宝说:"臣请以家里的绢来买陛下南山秦岭中的树,每棵树估价一匹绢,南山里的树买完了,为臣家里的绢仍未用完。"玄宗听后很吃惊。有一次,玄宗登临含元殿,向南边的秦岭望去,突然发现一条白龙横亘在群山之间。他问身边的大臣:"南山里有一条白龙,你们看见了吗?"大臣说看不见。玄宗下令召来王元宝,问他是否看见南山里的白龙。王元宝说:"我看见有一个白色的东西横在山顶,但看不清形状。"大臣们便问玄宗为什么王元宝能看得见。玄宗笑了笑说:"我听说至富可敌贵。朕为天下最高贵的人,王元宝是天下最富的人,所以他也能看见。"

长安富商任令方的富有似乎更令人吃惊。开元二十二年(734),任令方犯法,玄宗下令没收他的家产达60余万贯。任令方到底有多富有?这里有个数字可供参考。唐朝每年铸造钱币量最多时为32.7万贯,而任令方被没收的资财竟然达60余万贯,这相当于唐朝两年的货币发行量之和,由此可见其财力之雄厚。

安史之乱后,富商的财力更为雄厚。880年,黄巢起义军攻入长安。此后,长安城遭到严重破坏,僖宗下令修复长安城。当时，长安富商王酒胡给政府捐钱30万贯，帮助唐政府修复长安朱雀门。后来，僖宗又下令修复安国寺。当时，安国寺新铸了一口钟。僖宗对大臣们说：捐出1000贯者，可以击打新钟一槌。不久，王酒胡半醉着进入安国寺，直接走上钟楼，竟然连续击打新钟100下！随后，他命令手下从西市把10万贯钱运到安国寺里。由此可见他是多么的富有。

以上所说都是长安的一些富商大贾。当时，长安以外也有许多巨商。东都洛阳商人李秀升相当富裕，而且他对公益事业很热心。天宝五载（746），他主动要求出资在洛阳城内南市北边的洛河上架桥，得到了政府的批准。他出巨资招募工匠，在洛河上架起了一座南北长达200步（300米）的石桥。建桥工程从天宝五载开始施工，直到天宝八载二月才竣工。桥建成后，他得到了唐政府的高度称赞，他的这种义举也被记入史册。李秀升能够出资造桥，足见其财力是相当雄厚的。

杭州、扬州、汴州、凉州等许多城市，也都聚集了众多富商大贾。在唐代，杭州已发展成为"鱼盐大贾所来交会"的商业都市，是鱼盐巨商云集之地。唐人说，扬州地当冲要，"多富商大贾"，"富商大贾动逾百数"，这是指顶尖级富商的数量多。扬州有一位从事家具制造的富商，曾以柏木制造床、什器100多件，仅制造成本就花费了20万。他把这批家具用船从扬州运到建康去卖。后来，这批家具得钱30万，其经济实力相当可观。

从事木材贩运的商人一般都是富商，因为木材贩运所需的资金量很大，风险高，不过利润也很高。唐代木材商也很活跃。武则天的父亲武士彟早年就是一个颇有实力的木材商人。他在隋末就与同乡人许文宝一起，以贩运木材为业。他们曾购进木材数万根，迅速成为富商。隋末，李渊任太原留守时，作为木材商的武士彟就极力与李渊结交。在李渊建唐过程中，他也立功不少。唐朝建立后，武士彟被封为太原郡公，后又任利州、荆州都督，甚至升任工部尚书，封为应国公。

江西豫章诸县出产的木材远近闻名，木材商人纷纷到这里采购，然后运到扬州出售，利润可翻几倍。天宝五载（746），木材商杨溥带着几个人到豫章的山里采购木材。

晚上，山里下起了雪，他们发现一棵大树横在地上，中间是空的，居然可容纳几个人。他们便在这棵空树里休息。睡前，带他们进山的向导向山林祈祷说："我们几个人今晚寄眠于此，祈求神灵的保佑！"他连续祈祷三遍，后来他们果然得到了神灵的保佑。

从事长途贩运，占用资金量大，风险也很大，所以这类商人一般都很迷信神灵的力量。唐人张籍《贾客乐》诗说："金陵向西贾客多，船中生长乐风波。欲发移船近江口，船头祭神各浇酒。"商人出发前首先要举行一个祭神仪式，这样心里才踏实一些。刘禹锡也有诗说商人们"邀福祷波神，施财游化城"。

唐代有不少中小商人、手工业者迅速上升为富商大贾。龚播是峡中云安监（今四川云阳）的一个盐商。起初，龚播家里很穷，只好在江边搭一个草棚居住，后来以贩卖蔬菜、水果为业。他从事贩盐生意以后，获得的利润很高，不到十年间就积累了成千上万的家产，最后竟成为"三蜀大贾"。

唐代江淮以南，江河纵横，水运发达，商人在进行贸易时多使用舟船。唐代江南甚至有这样的说法："凡大船必为富商所有。"富商们往往使用载重量较大的船。唐德宗时，江淮地区有一位女商被称为"俞大娘"，她拥有的商船号称最大，人们日常生活甚至婚丧嫁娶都在船上。她的船仅雇佣的船夫就有几百人。这位富甲一方的女商人，她的商船航行范围很大，南边到了江西，北边到了淮南地区，一年往来一回，所获得的利润相当大。

二、人数众多的中小商人

中小商人的经营活动是唐代商业必不可少的组成部分。唐代不仅各个城市里有大量的中小商人，而且农村地区的中小商人似乎更多。

长安城中有不少油坊，以至于在居民区小巷中都有卖油的小商人。长安宣平坊中就有卖油的小商人，坊中的很多居民购买这个小商人的油，大家都觉得他的油质量好，而且价格还便宜。唐代粮食加工业发达，长安城内及郊区附近，中小商人经营的畜力磨坊更为常见，经营米面生意的中小商人很多。开元时，长安城内一斗米不到20文，一斗面卖32文。长安周围的中小商贩们把米面加工好后，常常运到长安城里来卖。

经营丝织品的中小商人也不少，长安人贾昌之子就经常贩缯于洛阳市，往来于长安和洛阳之间。玄宗时，长安城内卖白衫、白叠布的中小商人"行邻比廛间"，棉布和衣服的产量和销量都很可观，卖白衫和棉布的中小商人遍布京城。

很多中小商人是弃农经商者。由于长安是国都所在地，弃农经商之风很兴盛。中宗时，宋务光上奏说："现在务农之人太少，经商之人太多。"安史之乱后，弃农经商之风更加兴盛，这是为何呢？

首先，农业生产的发展为商品交换提供了条件，使农民有可能提供剩余产品投放市场。其次，由于我国古代的市场机制不够健全，农业、手工业、商业之间的利润率差别很大，从事农业辛苦而获利很少，而经商则获利甚厚。这是弃农经商者日渐增多的一个重要因素。白居易曾分析说："农民努力生产，又不敢花钱消费，反而越来越穷；商人贱收贵卖，却日益富裕。结果使农民日益贫困，弃农经商的人自然就越来越多了。"

当时，不少文人学士都看到了这一点。张籍《贾客乐》诗说商人们"年年逐利西复东，姓名不在县籍中。农夫税多长辛苦，弃业宁为贩宝翁"。农民的税太重而且很辛苦，只好放弃农业，也去做"贩宝翁"了。刘禹锡《相和歌辞·贾客词》说商人们"行止皆有乐，关梁似无征。农夫何为者，辛苦事寒耕"。晚唐诗人姚合的《庄居野行》充分揭示了当时弃农经商之风的兴盛：

> 客行野田间，比屋皆闭户。
> 借问屋中人，尽去作商贾。
> 官家不税商，税农服作苦。
> 居人尽东西，道路侵垄亩。
> 采玉上山颠，探珠入水府。
> 边兵索衣食，此物同泥土。
> 古来一人耕，三人食犹饥。
> 如今千万家，无一把锄犁。
> 我仓常空虚，我田生蒺藜。
> 上天不雨粟，何由活烝黎。

　　唐都长安的中小商人，大多是来自郊区的农民，他们家住郊区，尚未完全脱离农村，其户籍仍属于农民，但经商活动在其经济生活中占有重要地位。他们虽然家住郊区，但却"多牟利于市"，属于典型的小商小贩。他们当中，以经营蔬菜、水果、药材、柴薪、粮食及各种小商品为多。贞元年间，长安附近有一位农夫赶着毛驴驮着柴薪，到长安城里去卖。不料，他碰上了为皇宫采购货物的宦官。这些宦官仗势欺人，只是象征性地给他少量的报酬。

白居易《卖炭翁》诗则描写了长安近郊的一个半农半商型的小商人："伐薪烧炭南山中。满面尘灰烟火色，两鬓苍苍十指黑。卖炭得钱何所营？身上衣裳口中食。"这位卖炭翁与卖柴农夫正是长安城中小商小贩的典型代表。

中小商人由于资金有限，经营规模较小，经营的商品也大多属于低值商品或日常生活用品等。有的经营店铺如小商店、小饭馆、小酒馆、茶肆、饼肆、杂货店等；有的则深入大街小巷，沿街叫卖，并无固定店铺。他们出售的商品正是广大市民所需求的。他们频繁而广泛的商业活动，满足了城内普通市民的生活需求，大大丰富了城市居民的物质文化生活，也促进了商业的繁荣。

中小商人势单力薄，社会地位较低，常常成为贪官污吏的盘剥对象，在政治日趋腐败的唐后期更是如此。中唐以后，中小商人所受的侵害集中体现在宫市之害上。中小商贩遇到为皇宫采购货物的宦官，从来不敢和他们讨价还价，有的小商贩甚至空手而归。

三、牙人的大量出现

牙人是一种古老的职业，即交易中介人，其职能在于沟通商品买卖双方。在古代市场上，当卖者希望自己的商品尽快出售，买者也想尽快买到所需商品，而双方难以接头的时候，交易中介人的出现就成了客观上的需要。交易中介人为商品找买主，为买主找商品，有利于商品交换业的发展。

唐朝人把交易中介人称为"牙人""牙郎""牙子""马牙""互市牙郎"等。玄宗时，安禄山、史思明都曾当过"互市牙郎"。据说，安禄山精通6个少数民族的语言，因此被任命为"互市牙郎"。

牙人主要是为客商服务。唐末，不仅城市里有牙人，农村集市上也有牙人。牙人起初由商人兼任，后来逐渐专业化，并世袭继承。牙人的活动领域，在牲畜、奴婢、房屋等买卖中较为常见。

牙人沟通买卖双方，叫作"引领"或"招致"。双方接头后，一般由牙人对商品估价，叫作"著价"。买卖成交后，牙人按交易额的一定比率抽取牙钱，作为沟通交易的报酬。唐代牙人收取牙钱，可能是按交易额的 10% 抽取。

牙人的社会地位很低。柳仲郢在成都时想把自己的一个奴婢卖了。这个奴婢与买方见面后，得知买方是一个牙郎，便故意失声倒地，好像中风一样，这次买卖便没有做成。第二天，有人问她："你昨天怎么了？"奴婢说："我虽然是贱民，但我也曾在宰相家做奴婢，即使死也无所谓，怎么能让我去伺候卖绫绢的牙郎呢？"这个奴婢自己是贱民，处于社会最底层，居然也看不起牙人，可见当时牙人的社会地位的确很低。

四、商人的同业组织——行会

隋唐以前，城市工商业者没有什么固定形式的组织。唐朝以来，随着商品经济的发展，城市工商业者人数大增，工商业者开始有了一定形式的组织，当时称为"行"。工商业行会的出现，既是城市商业迅速发展的产物，也是商业空前繁荣的一个重要标志。

"行"最早见于唐朝杜宝的《大业杂记》。该书记载，隋东都洛阳丰都市内有120行。但很难说这些"行"就是商人行会。唐朝时，各种工商业者的"行"在全国大量出现，如长安东市"市内货财二百二十行"，比隋代洛阳的行数量大约增加一倍。

唐长安见于记载的行主要有：绢行、布行、肉行、磨行、药行、笔行、烧炭行、铁行、油靛行、秤行、马行、鞦辔行、麸行、大衣行、帽行、面行、米行等。另外，苏州有金银行，扬州有鱼行，襄阳有席帽行，沙州高昌（今新疆吐鲁番）也有画行、金银行、绢帛行、彩帛行、铠斧行等工商业行的存在。

各行之内一般都设有"行首"或"行头"。行头一般由同行人共同推举，大都是由同行中有地位、有财力的人担任。唐代的行头类似于周代的肆长，其职务主要是差派徭役。他还代表本行与官府交涉，处理本行业务及组织其他迷信、娱乐活动。唐代工商业行会的职能及其活动主要有以下几个方面：

第一，为官府服务，为政府交纳赋税、差派徭役。唐政府对城市工商业各行的征敛和摊派，往往都是通过行业组织来进行的。

第二，协助政府平抑物价，管理市场。建中元年（780）七月，德宗下令规定："从今以后，当米价太高时，由政府出米 10 万石、麦 10 万石，每天交给西市行人降价出售。"可见行会有协助政府平抑物价、稳定市场的职责。行会还协助政府管理市场。中唐以后，由于通货严重不足等原因，在长安市场交易中出现了"短陌钱"现象，即在支付货款时每贯扣除若干文，又称"欠陌钱"。这一现象相当普遍，在各种交易中所扣比例又很不一致。贞元九年（793）三月，唐政府命令行会的行头和牙人等负责检举纠告使用欠陌钱的人；如果行头、牙人等不认真负责，隐匿不报，一经发现，则要对行头和牙人严加惩处。这说明行头有维护市场交易秩序的责任。

第三，组织同行进行共同的祭祀活动和娱乐活动。苏州有一个泰伯庙，每年春秋时节，苏州金银行的行首都要组织本行的人到这里举行隆重的集体祭祀活动。在都城长安的凶肆，也有肆长组织同行比赛。

第四，由于共同的习惯和语言，出现内部"行话"。在长期的交易活动中，工商业各个行业内部逐渐形成一些不为外人所知的特有"行话"。唐人韦述《两京新记》说，长安西市大衣行"记言反说，不可解识"，因为说的是行业内部特有的行话，外行人自然难以通晓。行话的盛行是在竞争中保护自己行业的排他性的表现。

唐代长安工商业者的"行"具有行会性质。当然，唐代的行会与中世纪西欧的行会有许多不同之处，与明清时期的行会也不尽相同。唐代的行会具有自己的特点：

第一，深受封建政府的严密控制。自古以来，中国的城市始终作为各级政府所在地，一直处在封建政权的严密控制之下。所以，中国城市工商业者的行会组织也就不能不受到封建官府的严密控制。例如度量衡标准、价格的高低等具体规定，有相当部分都是由政府做出的。另外，市场交易中一切不法行为及言论，行头也有监督的义务，可见行会的一切活动无不受到政府干涉。政府还通过行会对工商业者进行各种摊派，利用行会推行某项政令等。这说明当时行会的主要职能是应付官府的需索，其次才是保护本行的利益。

第二，深受富商大贾的垄断剥削。西欧中世纪的行会是商品经济发展相对不足的产物，行会会员之间经济地位相差无几。而中国的行会形成于商品经济比较活跃的唐宋时代，社会上早已形成一大批富商大贾。这些富商大贾不仅财力雄厚，而且往往有较大的政治势力，城市中的行会常常控制在这些人手中。他们往往利用雄厚的财力，垄断市场，囤积居奇，从中渔利，甚至利用特权将各种负担转嫁到中小商人身上。这一点也是西欧行会所没有的。

第三，唐代行会对内部的营业限制并不严厉，对外排他性也不强。这一点，既不同于西欧中世纪的行会，也不同于明清时期的行会。

第四节　奔走于各地的胡商

唐朝境内有一支非常活跃的商人群体，即所谓"胡商"。唐朝史籍往往把境内各少数民族商人都称为"胡商""商胡""番客"等；而对于那些来唐贸易的外国商人，如波斯商人、大食商人等，也常常把他们称为"胡商""番客"等。所谓"胡商"其实包括了两大类商人：一类是来自周边地区的各少数民族商人，另一类则是外国商人。唐朝时期，胡商队伍人数众多，分属于不同的民族甚至不同的国家，操持不同的语言，贩运的商品也是五花八门。为了获取丰厚的商业利润，他们奔走于大唐境内的各个城市，留下了不少令人称道的传奇故事。

一、空前有利的经商环境

唐朝时期，国家统一，疆域辽阔，国力强盛，社会环境安定，水陆交通空前发达，胡商们到内地经商既安全，也比以前更加便利。这就为周边各少数民族商人及外国商人来唐贸易提供了非常有利的经商环境。

唐朝十分重视和礼遇各少数民族，实行了开明的民族政策。民族史专家熊德基先生曾说："纵观古今，唐代的民族政策优于其前代与后代。"唐初以来采取了一系列民族怀柔政策，唐政府在周边各少数民族地区设立了800多个羁縻府州。这些州府的都督和刺史等官员，均由少数民族酋长担任，唐中央政府不直接管理这些地区的事务。唐政府还通过和亲、册封等手段优待各少数民族酋长。在政治上，唐政府任命了大量的"番将"。这些番将既有来自突厥、昭武九姓、党项、沙陀、契丹、奚、铁勒、靺鞨、吐蕃、于阗等周边地区的，还有不少人来自高丽、百济、新罗。一些外国士人甚至商人子弟，也可以在唐朝参加科举考试，在唐政府里担任官职，如来自朝鲜半岛的崔致远在唐朝考中进士，大食商人的后裔李彦升也在唐朝考中进士。这充分体现了唐王朝的开放精神。

唐朝的宗教政策也相当开放。唐朝时期，各民族之间的交往日趋频繁，内附的各个少数民族人口不断增多；大量的外国使者、宗教人士、商人、留学生等纷纷来到唐朝。因此，周边少数民族和外国人信奉的宗教如景教、祆教、摩尼教等迅速在大唐境内传播开来。对于这些外来宗教，唐政府持开放、包容的政策，并未加以限制。

对于内附的少数民族，唐政府对他们往往不征赋税或征收轻税。唐初以来，受唐王朝开明民族政策的感召，周边地区的少数民族纷纷内附。据统计，628—648年，归附唐朝的少数民族将近200万户。在此背景下，少数民族商人来内地经商者也越来越多。

唐政府十分重视与周边少数民族之间的通商贸易。起初，营州都督府治所设在柳城（今辽宁朝阳）。武则天时，营州城被奚和契丹攻陷，唐政府被迫将营州都督府治所迁移到幽州以东200里的渔阳城（今河北蓟县）。开元五年（717），奚、契丹相继归附唐朝。唐玄宗下令宋庆礼等人重新在柳城修建营州城。宋庆礼等人同心协力，很快将营州城修建好了。宋庆礼在营州期间，广开屯田80余所，又从幽州、渔阳等地向营州迁移人口，大力召集东北地区的"商胡"，并且为他们营建商店，建立交易市场。几年后，营州仓廪日益充实，人口大增。

唐政府对于外国商人来唐贸易不仅毫无限制，而且采取各种政策进行鼓励。与此同时，唐政府还尽力为胡商提供方便，并保护其正常的贸易活动。唐政府在广州、泉州等地设立番坊；在登州、楚州、扬州等地设有新罗坊、渤海馆等，为外商设立专门的居民区，专门接待少数民族商人和外商。

由于唐王朝国力强盛，经济繁荣，民族政策和对外政策相当开放，为胡商提供了良好的经商环境，从而吸引了大量的胡商（如阿拉伯商人、波斯商人、新罗商人、日本人、昭武九姓商人）来内地经商。这样就促进了唐朝时期中原地区与周边地区各民族间的贸易，唐朝的对外贸易更是盛况空前。

二、胡商为利奔走忙，走南闯北遍大唐

唐朝时，周边各少数民族商人纷纷到内地经商，各国商人则通过陆上丝绸之路或海上丝绸之路到唐朝从事贸易，在许多城市甚至一些偏僻乡村，都可以看到胡商的身影。

唐初，唐朝统治者力图打通西域，以保持丝绸之路的通畅。打败西突厥后，唐太宗对中亚的安国使臣说："西突厥已投降，商旅可行矣。"胡商们听后很高兴。丝绸之路

的通畅，为西域各族商人和波斯、大食等外国商人来唐贸易提供了难得的商机。自唐初以来，丝绸之路沿线的各个城市中都有大量的胡商。其中，凉州（今甘肃武威）就号称河西地区一大都会，经过这里的西域胡商前后相继，不绝于途。天宝年间，岑参前往安西时路过凉州，曾赋诗说"凉州七里十万家，胡人半解弹琵琶"。可见，凉州的胡商相当多。

在咸海以东、锡尔河以南、阿姆河以北的广大地区，分布着康、安、石、曹、米、何、史、火寻、戊地9个小国，合称"昭武九姓"。昭武九姓人非常善于经商，男子到20岁就会远赴邻国经商，为了追求利润，他们无所不至。昭武九姓商人沿着丝绸之路东进，前后相继，不绝于途。在西州（今新疆吐鲁番）、沙州（今甘肃敦煌）、凉州、长安、洛阳等地的昭武九姓商人简直不可胜数。至德二载（757），武威的昭武九姓商人在安国商人安门物带领下发动叛乱，他们甚至杀掉了节度使周泌，可见武威聚集了相当多的昭武九姓商人。

安史之乱后，昭武九姓商人经常假冒回纥之名，在长

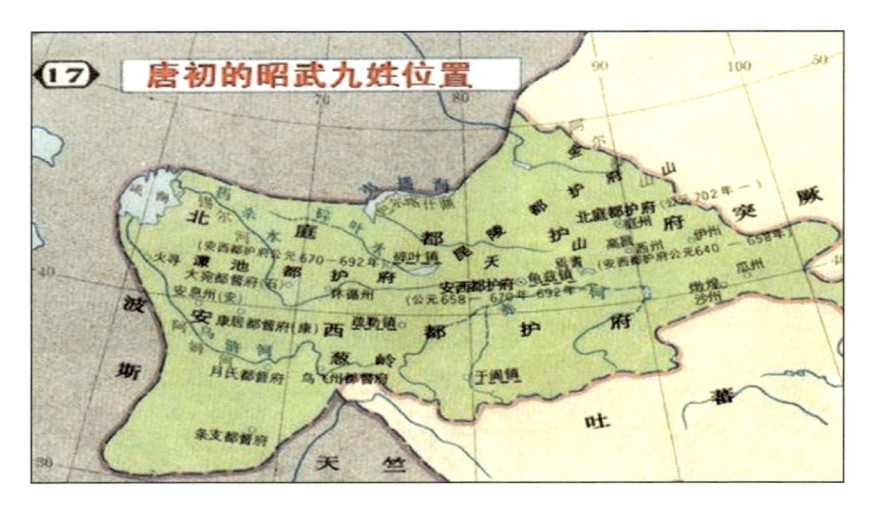

昭武九姓的位置

安经商。他们与回纥商人联合起来，在长安的市场上为所欲为，"共为公私之患"，京兆府和长安县也对他们没有办法。可见昭武九姓商人在长安也很有实力。

唐代北方诸族胡商，包括突厥、薛延陀、回纥、契丹、奚、党项等族商人，也很活跃。安禄山发动叛乱前，曾暗中派遣大量胡商到各地贩运物资，胡商每年给安禄山提供的奇珍异货价值达上百万。安禄山虽是一介武夫，居然精通东北地区6种民族的语言，因此他早年曾当过互市牙郎。这说明北方少数民族商人与内地贸易者相当多。王忠嗣任朔方、河东节度使时，在互市时故意高估马价，北方各族胡商得知消息后，争着把良马卖给唐政府。胡人的

敦煌莫高窟第 45 窟壁画《胡商遇盗图》

马日益减少,而唐朝兵马日益强大。

在许多大城市中都有少数民族商人和外国商人。长安作为唐朝国都和丝绸之路的起点,对于胡商具有极强的吸引力。长安既有人数众多的突厥、回纥、昭武九姓商人,也有不少波斯、大食、新罗等外国商人。贞观初,唐灭东突厥后,突厥人入居长安者将近 1 万家,一户按五口计,则约 5 万人,其中不少人就在长安经商。

安史之乱后,因回纥军队帮助唐军平叛有功,回纥人大量留居长安,其中回纥商人多达数千人以上,这些胡商经营商业,营建房舍,"市肆美利皆归之"。贞元三年(787),李泌奏请检括滞留长安的西域"胡客",结果发现有 4000 多人。

玄宗时，有一位叫康谦的胡商，天宝中曾任安南都护，由于他依附权臣杨国忠，甚至官至将军。肃宗时，他又给政府捐钱，以资助山南道的驿站，肃宗很高兴。后来，他竟然官至鸿胪卿。康谦应该是来自昭武九姓中的康国胡商。

波斯（今伊朗）商人在唐朝很活跃，大食（阿拉伯帝国）商人也不少。西市位于长安城西部，距离长安西大门金光门很近，通过丝绸之路来到长安的波斯、大食商人首先会进入西市，因此西市里的外国胡商远远比东市多。如西市有不少波斯商人开设的"波斯邸""波斯店"。来自西亚的摩尼教徒，也有不少人在长安经商。许多胡商还在长安经营高利贷，以至长安城内的衣冠子弟甚至军人、商人、一般百姓，都曾从这些西域番客手里借过高利贷，说明长安的胡商人数很多，而且财力也很雄厚。敬宗时，波斯大商李苏沙给皇室进献沉香亭子材。李苏沙作为波斯商人，能够和唐朝皇帝拉上关系，足见其政治能量之大。

此外，长安有不少胡商开设的饭馆、酒馆、毕罗店等。为了招徕顾客,他们经营的酒肆、酒馆往往都有胡姬侍酒,具有浓厚的异域情调,深受长安士大夫及各层人士喜爱,留下了不少关于胡商酒店的诗篇。这一营销策略的效果很不错。很多文人学士经常到胡商的酒馆来

李白画像

聚会,因而就与这些胡姬有密切关系。李白《送裴十八图南归嵩山二首》之一云:"何处可为别,长安青绮门。胡姬招素手,延客醉金樽。"李白《前有一樽酒行二首·二》诗云:"琴奏龙门之绿桐,玉壶美酒清若空。催弦拂柱与君饮,看朱成碧颜始红。胡姬貌如花,当垆笑春风。笑春风,舞罗衣,君今不醉将安归!"长安城中以歌舞侍酒的胡姬颇多。李白《少年行》之二说:"五陵年少金市东,银鞍白马度春风。落花踏尽游何处,笑入胡姬酒肆中。""金市"即指长安西市。从这些诗篇来看,文人士大夫是胡人酒店的常客。王绩《过酒家五首·五》诗说:"有客须教饮,无

钱可别沽。来时长道贳,惭愧酒家胡。"从王绩的诗来看,胡商卖酒也常采用贳账的办法,以便吸引更多顾客。

有唐一代,西域酒在长安极为流行。唐初有高昌之葡萄酒;之后有波斯之三勒浆,其酒法出于波斯;此外还有龙膏酒,大约也出于波斯。这些西域酒皆为长安名酒,深受唐人的喜爱。西域酒在长安的盛行,与西域胡商大量经营酒馆业不无关系。

来自波斯等国的西域胡商,也有不少人经营珠宝、金玉等贵重物品。在唐代,胡商善于辨别珠宝的好坏。长安西市胡人看重蚌珠,而不太重视池珠。据说长安大安国寺有一枚水珠,开元十年(722),僧人将一枚水珠拿到西市出售,结果西市的人对此不感兴趣。后来,水珠被西域胡人以重金购去,这个西域胡人是大食商人。在这宗买卖中还曾使用翻译人员,可知长安市场中有专门为胡商服务的翻译人员。这类故事在唐人笔记小说中屡见不鲜,说明胡商经营珠宝者确实不少。

东都洛阳也聚集了为数众多的胡商,其中尤以西域胡商最多。唐代胡商大多信奉祆教、景教等，因此在胡商聚居地区出现了许多祠庙。在洛阳，仅祆教祠庙就有四所，分布于会节坊、立德坊、南市和西坊。胡商们每年都要到祆祠里举行法会，烹猪杀羊，琵琶鼓笛，酣歌醉舞，异常热闹。祆教等外来宗教在洛阳的兴盛，说明洛阳的胡商是相当多的。

扬州是隋唐时代最为繁华的城市之一。扬州商业非常繁荣，富商大贾众多，其中就有不少来自波斯、大食的胡商。肃宗至德初，平卢节度副使田神功率兵到扬州讨伐刘展之乱。这支军队进入扬州后，军纪很差，兵士大肆抢掠百姓财物，结果造成扬州"大食、波斯贾胡死者数千人"。此次事件中，仅大食、波斯商人死者就达数千人，可见扬州胡商之多。有不少胡商在扬州开设了"胡店"，经营珠宝等各种生意。

广州也是胡商云集之地。来广州的主要是南方诸少数民族商人及外国商人，外商则主要有波斯、大食、狮子国（今斯里兰卡）、室里佛逝（今印度尼西亚苏门答腊岛）、诃陵（今爪哇岛）、林邑（今越南南部）等国的商人。鉴真和尚东渡日本时,在广州看到珠江中有大量的外国商船,其中婆罗门、波斯等国商船不计其数,这些商船一般深六七丈,装载香药、珠宝等,船上的货物堆积如山。据说,狮子国、大食国、骨唐国、白蛮、赤蛮等国家或民族商人经常来广州进行贸易。以上都说明来广州经商的外国商人相当多。

肃宗乾元元年(758),广州甚至还出现了外商引起的暴力事件。当时,波斯商人与大食商人联合起来攻打广州,他们抢劫仓库、焚烧庐舍,然后浮海而去。广州刺史韦见利甚至"弃城而遁",广州胡商实力之强不难想见。唐末,广州的外国商人仍然相当多。阿拉伯旅游家阿布赛德·哈桑在其游记中说:庞勋攻陷广州后,"杀回教徒、犹太人、基督教徒、火教徒,数达十二万以至二十万人"。这个说法显然有所夸大。庞勋起义军不可能杀掉如此之多的外国人,但它反映了广州外国人确实很多。

不仅大城市胡商云集,在中小城市亦有不少胡商,甚至在一些偏远小镇也有胡商的足迹。例如在饶江、闽江上下也有不少波斯、安息商人,长江上下胡商更多。李约曾乘船到南方去，途中碰到一个胡商。胡商突然发病，便将他的两个女儿托付给李约照顾。

大历初，杜甫寓居夔州（今四川奉节），曾作诗云："商胡离别下扬州，忆上西陵故驿楼。"说明夔州也有不少胡商。临川（今江西临川）人岑氏曾在山中得到一块宝贝，他便把它拿到豫章（今江西南昌）去卖，结果有一位波斯商人前来购买。洪州（今江西南昌）曾多次出现胡商购买珠宝的事。李灌曾在洪州建昌县（今江西永修）遇到波斯胡商。

开元初，李勉准备到扬州去。他在睢阳（今河南商丘）遇到一位年迈的波斯胡商。这位波斯胡商对他说："我本来是国王之子，商贩于此，已经超过二十年了，家里有三个儿子。"这个波斯胡商已来唐经商二十余年，并在扬州安家，他因经商又来到睢阳。在关中的咸阳、扶风等地也有胡商的足迹。可以说，唐代胡商足迹几乎遍及全国各地。

唐代胡商经营的商品主要有牛、马、羊、茶叶、绢帛、药材、瓷器、香药、皮裘、珠宝等，有的还经营饮食业等。其中，回鹘、薛延陀、党项、契丹、吐蕃等少数民族商人与唐朝内地的绢马贸易、茶马贸易等尤为突出。胡商大都信宗教，如佛教、景教、摩尼教、祆教等。由于唐代各地胡商众多，以至于这些宗教在许多地方迅速传播开来。例如，长安的布政坊、礼泉坊、普宁坊、靖恭坊等地有祆祠，即祆教祠庙；长安义宁坊、礼泉坊有波斯寺（景教寺庙）；长安等地也有不少摩尼寺。胡商中有不少人经营饭馆、酒馆等，于是各种胡食如胡饼、烧饼、毕罗等在唐朝内地迅速流传开来。

第四章

唐代金融业的发展

"金融"一词产生于近代，是指资金融通，包括货币、信用以及和货币、信用有关的各种经济活动。唐代不但广泛存在金融活动，而且金融业比前代更加发达和活跃，出现了各种形式的金融机构，例如经营存款和放款业务的柜坊、提供抵押借贷的质库，在长安还出现了我国最早的汇兑事业——飞钱。在信用借贷方面，有大量的私人经营者，也有各级政府经营的公廨本钱。这些金融机构及其所经营的金融业务，尽管不能和近现代金融业相提并论，但它标志着唐代的信用关系和金融业已发展到一个前所未有的新水平。

第一节　柜坊的产生及其性质

柜坊是唐代首次出现的金融机构。柜坊作为我国早期的金融机构，为商人的经营活动提供了极大便利，促进了商业的进一步发展。唐朝出现从事存款和贷款的柜坊，无疑是唐代商业空前繁荣的一个重要标志。

一、柜坊的产生

唐高祖武德四年（621），废除隋朝五铢钱，铸造"开元通宝"钱，每贯重6斤4两。根据考古实物测量，比较标准的开元通宝钱每一枚重3.9~4.2克；那么，每一贯开元通宝钱的重量就达到了7.8~8.4市斤。人们购买货物时，如果购货款需要10贯，那么钱币就有80多斤重，这样的重量显然无法依靠人力搬运。当商人外出贸易时，随身携带如此沉重的铜钱，的确很不方便，也很不安全。更

唐开元通宝钱

重要的是，随着商品交换的发展，商品交易的规模也在不断扩大。唐代商人到外地采购货物时，动辄就是成百上千贯，这种不便就更加显著。在此情况下，就需要有一种机构能够为商人提供存放现金的便利。柜坊正是在这种情况下应运而生的。

唐代的柜坊最早出现在国都长安城中。从文献记载看，长安城中的西市最迟在唐玄宗开元初年就已经出现了柜坊。

开元初年，三卫在华岳庙前救了一位北海"神女"。临别时，神女的父亲为了答谢他，送他两匹绢作为谢礼，并说："这两匹绢两万贯才能卖，千万不要贱价卖啊。"为了验证他说的话，三卫将这两匹绢拿到长安市场上卖。当时，长安城一匹绢才卖200文，人们听说他的要价高达两万贯，都觉得不可思议。他在市场里卖了几天，也没有遇到买主。当他快要灰心时，一个男子来买他的绢。男子并未讨价还价，而是很干脆地出价二万贯，"不复踌躇，其钱先已锁在西市"。随后，男子与三卫来到西市，将他事先存放在这里的购货款支付给三卫。此事虽属神话故事，但它足以说明长安东、西两市已经出现了替人存放现钱的机构。

唐德宗时，长安有一位西域胡商米亮穷困潦倒，长安富商窦乂便慷慨地赠送他钱物。米亮是知恩图报之人，他决心报答窦乂的知遇之恩。

一天，米亮对窦乂说："崇贤里有一处小宅要出卖，卖主只要200贯。赶紧把它买下吧，一定会赚大钱的。"窦乂决定买下这处小宅，但这笔生意要200贯现钱，按照开元通宝钱的法定重量，200贯铜钱重达800多公斤，这么沉重的现金，如何迅速搬运过去？原来，窦乂曾将大量的现钱存放在西市的柜坊里，一旦生意成交，他便从柜坊里直接取钱支付。唐人温庭筠记载说：窦乂在"西市柜坊锁钱盈余，即依值出钱市之"。在这次房地产交易中，窦乂利用了西市柜坊里的存款，轻松而迅速地支付了巨额购房款。

当时，商人常常将采购货物的铜钱事先存放在长安西市的柜坊。买卖成交后，买卖双方一起到西市的柜坊提取现钱。柜坊既然可以存放商人的购货款，当然也可以存放商人卖货以后所得的现钱。

唐文宗大和五年（831），宦官王守澄诬告宰相宋申锡与穆宗之子李凑密谋反叛。唐文宗下令捉拿负责十六王宅

"宫市"的晏敬则等人。此案牵涉人员很多，除宋申锡等人外，就连长安卖银绢的商人、牙郎以及柜坊的经营者也被拿来审问。严刑逼供之下，这些人被迫承认谋反，但后来证实并无谋反之事。在这起案子中，谋反之事虽属诬告，但长安城里存在柜坊则是事实。

大和七年（833）二月，文宗任命李德裕为宰相。三月底的一天，即李德裕任宰相一个月后，高品阍对李德裕说："柜坊不用上锁了。"李德裕初听此话，有点不解，便问他什么意思。高品阍说："自从相公任宰相以来，天下太平，就连两市存放现钱的柜坊也不用上锁了。"李德裕听后十分高兴。高品阍说的"两市不锁柜坊"中的"两市"，正是指长安的

李德裕半身像

东、西二市。高品阁的话，虽然是对李德裕的恭维之词，但长安东市和西市存在柜坊却是毫无疑问的。

建中三年（782）年底，唐德宗调集大军讨伐叛乱方镇，唐政府军费开支急剧增加，一个月军费支出就达100余万贯，而国库仅能坚持几个月。户部侍郎赵赞的亲信韦都宾、陈京等人建议说："富商都很有钱。商人家产凡是超过一万贯的部分，都拿出来借给政府。这样只要向一二十个大商借钱，就可以筹措到500万贯。"随后，德宗正式下诏向商人借钱。京兆少尹韦祯、长安令薛苹等人拿着"计算器"，乘车到长安的富商家里去借钱。他们费尽心思只借到了80万贯，与500万贯的目标相差很远。韦祯等人又到柜坊和质库去借钱。当时，他向柜坊、质库的经营者承诺只借他们家产的四分之一。为了尽快完成借款任务，他们甚至将柜坊、质库存钱的柜子、地窖加以封存，以计算各家的现金情况。最后，韦祯等人总共筹措了200万贯钱。可见，他们从长安柜坊和质库两个部门一次就搜括了120万贯，说明柜坊的存款规模的确不小。

唐末又有一次政府搜括商人柜坊财产的事件。唐僖宗时，宦官田令孜权势显赫，为所欲为。他与亲信合谋，劝僖宗搜括长安两市商人的财富，其中就包括经营柜坊的商人。他甚至说："若是有人敢来投诉，一律用杖打死！"长安东、西二市的柜坊可能不少。因为柜坊里存放着大量的现金，才会被唐政府的一些官员盯上，把它视为一块肥肉。

二、波斯邸与波斯店

除了专门从事存款业务的柜枋以外，长安的一些大商店，如药店和外国商人经营的"店""邸"等，也往往因商业往来的关系而寄存钱财。

唐朝时，有不少波斯商人在长安、扬州等地经营"波斯邸"和"波斯店"。所谓"波斯邸""波斯店"，就是指中亚波斯商人经营的"邸"和"店"。按照《唐律疏议》的解释，"居物之处为邸，沽卖之所为店"。"邸"相当于存放货物的货栈，"店"就是商店。

杜子春少年时经常纵酒闲游，很快将家产挥霍一空。他去投靠亲友，亲友知道他浪荡不羁的性格，没有人敢接纳他。当时正值冬天，他强忍饥寒，徒步走在长安宽阔的大街上，直到天色已黑仍未吃晚饭。他不知不觉间来到了东市的西门口。他回想往事，想到自己也曾是富人，不禁伤心地仰天长叹。这时，一位老人问他："你为何感叹？"杜子春将他遭到亲友抛弃的情形说给老人听，并感叹说："没想到亲戚对我如此冷漠，毫无人情可言！"老人见他窘迫不堪，便送他一贯钱，并说："明天午时，你到西市的波斯邸等我，千万别迟到！"次日，杜子春如约来到西市的波斯邸，老人果然给他取了300万钱。杜子春又成为富人后，故态复萌，整天与人喝酒聊天，四处游荡，出入于酒楼妓馆。几年后，他又沦为穷人。无奈之际，他又来到市门前感叹一番，不料那位老人又出现在他的眼前，并答应帮助他摆脱困境。杜子春羞愧难当，不敢答应。老人说："明天午时，到以前的那个波斯邸等我！"第二天，杜子春按时来到西市的波斯邸，老人又从波斯邸取了1000万钱送给他。

　　曾经有两位书生，一位姓卢，一位姓李，他们隐居在太白山里读书，后来两人成为好友。卢生有个外号叫"卢二舅"。后来，李生当了官，负责掌管橘子园，不料他被手下人员所欺骗，以致亏欠官府几万贯。有一天，他在扬州的阿使桥碰巧遇到了卢二舅。卢二舅看到李生衣衫褴褛、贫苦不堪，决心帮助这位昔日的好友。他问李生："你欠了公家多少钱？"李生回答说："欠了两万贯。"卢二舅便交给李生一根拄杖，对他说："你拿上这根拄杖，到波斯店取钱。"第二天，李生拿着拄杖到波斯店去取钱。波斯商人看到拄杖后，很吃惊地说："这是卢二舅的拄杖，你怎么得到它的？"随后，波斯商人按照李生的要求，给他支付了两万贯钱。李生后来用此钱还了官府的债，也避免了牢狱之灾。

上述两个故事都带有神话色彩，但从中可以看出，长安、扬州等地的波斯商人所经营的波斯邸、波斯店也经营存钱的业务。

唐玄宗开元年间，张、李二人在泰山学习道术，他们两人是志同道合的好朋友。而李氏与李唐皇室还有点儿关系，所以他想去当官，便离开了好友张氏。

天宝末年，李氏的官职已经升到了大理寺丞。安史之乱爆发后，他便偕家人从武关南下，逃到了湖北襄阳。不久，他又奉命到了扬州，结果在途中遇到了好友张氏。张氏想资助李氏，便问李氏说："你需要多少钱就可以办成事？"李氏回答说："需要300贯就可以办成事。"张氏拿出了一顶旧席帽，对李氏说："你拿着这顶旧席帽到药铺王老家，就说张三令我持此领取300贯钱，他一定会把钱给你的。"

第二天，李氏便拿着张氏给他的旧席帽来到药铺王老家取钱。药铺主人王老先生见到旧席帽后，就让家人看是不是张氏的旧帽。他的女儿说："这的确是张氏的席帽，我以前亲手给席帽上缝的绿线还在。"李氏问药铺主人："张氏与你们是什么关系？"王老先生说："他是五十年以前到我们药店的老顾客，专门经营茯苓的生意，现在他还有2000余贯钱在我们药行中存放。"于是，药铺王老先生便给李氏支付了300贯现钱。

这个故事充分说明，药铺之类的大商店有时也为客人存放现钱。

凡是在柜坊及波斯邸、波斯店、商店存放的钱物，必须持有特定的凭证才能领到现钱，例如以上故事中李生凭拄杖到波斯店取钱两万贯，李氏凭旧席帽到药铺王家取钱300贯。有的凭本人书写的帖子取钱，还有的则凭书信取钱。取钱的凭据虽然不尽相同，但是领取钱物时必须持有一定的凭据则是一致的。

三、柜坊的性质

在柜坊及波斯邸、波斯店等存放现金的客人和柜坊等机构是什么性质的关系？如果性质不同，那么他们之间的地位和经济关系就会发生很大的变化。到这类机构存钱的人，可以得到存款利息吗？如果没有利息，他们是否要向柜坊、波斯邸等支付保管费呢？或许还有第三种可能，就是他们既不向这类机构交纳保管费，也得不到存款利息。

按照情理来说，这类机构的经营者最初只是为客商提供存放现金的便利。因为现钱太重，携带不便，商人便将现钱暂时存放在这里，委托他们保管。如果是这种情况，机构的主人就不会向存钱者支付利息，而且可能还要向商人收取保管费。这样，柜坊、波斯邸等为客商存放现钱就不属于存款性质，而只能说是一种信托业务。但是，随着商品货币经济的发展，这种业务越来越频繁，存钱数量越来越大，存钱时间逐步延长，它就由最初的信托业务向存款业务演变。从唐僖宗乾符二年（875）《南郊赦文》可知，长安的柜坊、波斯邸等机构曾大量向外贷款。由此判断，这些机构有可能经营存款业务。因为，既然他们向外放款，而同时他们手中又有客商存放在柜坊中的大量现金，这样他们必然会把存放在柜坊中的一部分或全部现金借贷给别人。随着时间的推移，客商在柜坊里存钱，也就慢慢由信托业务而演变为一种存款业务了。总之，唐代长安、扬州等地的柜坊、波斯邸等为客商提供存放现金的业务，既有信托业务的性质，同时也兼有存款业务的性质。

代宗大历以后，节度使大多从中央禁军将领中选拔。于是，一些资历较高的禁军将领便想方设法花钱买官。不少禁军将领便到长安的富商那里贷款，然后给神策军中尉行贿。他们贷款的金额动辄成千上万贯，利息也很高。他们给宦官行贿后，往往能够如愿得到节度使之位。等他们到地方任职后，便拼命搜括百姓钱财，以偿还原来所借的巨额贷款和高额利息。用这种方式得到节度使之职的人，当时人称之为"债帅"。

借钱买官在中唐以后很常见,向买官者提供贷款的人,无疑是财力雄厚的富商大贾。既然一般由富商向买官者提供贷款,那么经营柜坊的富商也就有可能向买官者提供贷款,这种贷款自然也是有利息的,而且利息很高。

唐末,纳钱买官的现象更加严重。唐僖宗在乾符二年《南郊赦文》中对受贿者、贷款行贿者甚至提供贷款的柜坊主、波斯商人等提出了严厉的惩处措施。这个赦文规定:"今后如果有人再敢拿钱买官,纳银求职,一经查实,将严加惩处。受贿者、行贿者同罪,即使是宰相也毫不赦免,行贿的钱物由官府没收,行贿者、受

唐僖宗画像

贿者一并送御史台审理；如果行贿的钱来自波斯商人，也按此处分。柜坊经营者如果明知有人到柜坊借款是用于行贿，而不来官府报告，那么柜坊主的所有财产一律没收，并且严加惩处，流放到边远地区。"

这道诏令严禁纳钱买官，说明以钱买官者不少。从诏令可以看出，以钱买官者的资金来自三个方面：一是私人的现钱；二是波斯商人的钱，此钱显然来自波斯邸或波斯店；三是东、西二市的柜坊。这个诏令规定，凡是发现用钱买官者，所有钱物由官府没收，行贿者与受贿者同罪；来自波斯邸的钱，也按此办理。在这里，唐政府对柜坊主的处罚最严厉。这说明柜坊主曾经向这些买官者提供过贷款服务。在唐政府看来，柜坊主向买官者提供贷款，等于参与了违法活动，应负连带责任，故应予以严惩。唐政府之所以严惩提供贷款的柜坊主，其目的就是要切断买官者的财源，以便杜绝买官之弊。

既然柜坊可以向买官者及官僚提供贷款，那么它向商人和手工业者提供贷款应是很自然的事。甚至有人认为：柜坊专营银行业务，一方面吸收存款，一方面经营贷款，它已经具有后世钱庄的性质,唐代的柜坊"是中国最早的一种雏形银行"。这个说法可能有所夸大。

第二节 质库

"质库"作为一种从事现金借贷的金融机构,最早发源于南朝时期的佛寺,当时称为"质库"或"长生库"。唐朝时,人们仍主要使用"质库"这种称谓。

唐人所谓"质库"就是明清时代的"当铺",它是专门经营典当业务的机构。所谓"典当",是指人们以财物为抵押品的有息定期借贷金钱的经济行为。就其性质来说,典当业务实质上是一种抵押借贷。随着商业的发展,唐代的典当业也日益活跃起来,并成为商业、金融业的重要行业之一。

一、质库的经营者

质库从事的是现金借贷业务,所以经营质库首先必须拥有雄厚的财力作为资本。另外,还需要具有固定场所,建造一定规模的库房，以便用来存放各种抵押品，所以质库并非一般人所能经营。唐朝时，开设质库的人往往是那些资金实力雄厚的富商大贾，既有汉族商人，也有不少胡商。由于经营质库获利丰厚，除商人外，不少贵族、官僚、士大夫甚至公主也开办质库。

唐高宗与武则天的女儿太平公主就曾经营质库。太平公主是一个既具有政治头脑又具有经济头脑的女强人。玄宗在击败太平公主后，开始清算、没收她的家产，发现她不仅拥有大量的良田和马牛羊等牲畜，还经营质库，从事高利贷。由于她经营质库，自然有许多账本和现金往来，唐玄宗命人清理太平公主的财产，结果，整整花了几年时间，才彻底查清楚她的家产。

既然像太平公主这样的皇亲国戚都经营质库，那么一般贵族、官僚开设质库也就不足为奇了。实际上，唐政府一再禁止官员经商牟利，但官僚士大夫开办质库者仍不绝于史。

武宗就曾下诏说："一些文武大臣，位居清要之地，出身显赫，居然暗中设置质库、楼店，大放高利贷，与百姓争利。这类现象今后一律严加禁断,并令御史台认真调查核实,上报朝廷。"直到晚唐时,经营质库的官员仍大有人在。

质库实际上是一种金融借贷机构。与一般借贷机构所不同的是,凡是到质库借钱者(即债务人),必须用具有一定价值的物品作为抵押,才能从质库借到现钱。唐朝规定,债务人借款时还要有保人从中作保,这种借款有一定的期限限制,并且债务人应当交纳一定的利息。因此这种借款实际上是一种定期、有息抵押贷款。它的期限大致可分为1个月、3个月、半年、1年。到期后,债务人应及时归还借款,并交纳利息,才可赎回自己的抵押品。如果到期后债务人无力清偿借款和利息,那么质库有权变卖债务人的抵押品。

不过,质库不能随意变卖借款人的抵押品。唐律规定:"质库在变卖抵押物时,没有经过抵押者的同意,不得辄卖;如果计算利息超过了本金,而借款者还不来还款的话,质库经营者可以报告市司,然后和市司一起变卖抵押物。变卖所得的钱如果还有剩余,则要还给借款者。如果借款者逃跑的话,则由保人代为赔偿借款。"

二、前往质库的借款者及利率

前往质库借款的人,往往都急需用钱,而现有资金又不能满足需要。所以,除了较为穷困的人,如贫穷的农民、小商人、小手工业者,乃至于妓女之类,一般士人、官僚乃至于富商有时也成为质库的顾客之一。借债者所用的抵押品可谓五花八门,常见的有衣服、家具、丝绸、金银首饰、珠宝、契约、房产、田产,甚至奴婢也可成为抵押品。

德宗时,阳城任右谏议大夫。当时,裴延龄诬告陆贽等人有不法行为,德宗准备严惩这几个人,大臣们虽然知道这是诬告,但却无人敢言。阳城说:"我作为谏官,不能让天子滥杀无辜。"他在朝堂上为陆贽等人辩护,揭发裴延龄的罪行,慷慨激昂,无所畏惧。德宗大怒,准备严惩阳城,多亏太子极力营救,阳城才得以免罪。阳城在长安任职时,常常用木枕、被子作为抵押品到质库借钱。人们很敬重他的德行,纷纷争着到质库把它赎回来。这说明木枕、布衾也可以成为抵押品。

有些农民为了向官府交纳租税，在青黄不接时，也常到质库借钱。他们所用的抵押品往往是家具、农具等，甚至将仅有的田地作为抵押品。白居易《杜陵叟》诗感叹说："杜陵叟，杜陵居，岁种薄田一顷余。三月无雨旱风起，麦苗不秀多黄死。九月降霜秋早寒，禾穗未熟皆青干。长吏明知不申破，急敛暴征求考课。典桑卖地纳官租，明年衣食将何如？"

　　此诗描述的是长安郊区杜陵一带的一位自耕农。他有100多亩地，是农民中土地较多的自耕农。自然灾害严重，导致庄稼绝收。按政府规定，庄稼损失超过七成就会全部免征农民的赋税。官员明知有这样的规定，却不如实向上申报，仍按正常年景向农民征税。农民只好卖地换钱，给政府交税，另外就是以桑树为抵

白居易画像

223

押品，到质库去借高利贷。农民虽然完成了纳税任务，可明年的衣食怎么解决？这首诗说明长安郊区的贫苦农民也往往成为质库的顾客。

除了贫穷农民外，一些官僚也经常从质库借钱，以解燃眉之急。白居易诗说："东家典钱归碍夜，南家贳米出凌晨。"这是洛阳附近的事，说明洛阳一带也有不少人从质库借钱，有些人则是借米。白居易《自咏老身示诸家属》诗云："走笔还诗债，抽衣当药钱。"这是以衣服为抵押品，去质库借钱买药。白居易《劝酒》诗说："归去来，头已白，典钱将用买酒吃。"看来，一些官员为了买酒喝，在现钱不够的情况下，也到质库借钱。

杜甫为了能够随时买到酒，也常到质库借钱。当时，长安南郊曲江一带的酒馆

唐代鱼形铜饰件

非常多，酒肆生意很不错。杜甫常常在此借钱买酒喝，并写下了那首非常有名的诗——《曲江二首（其一）》。全诗如下：

　　朝回日日典春衣，每日江头尽醉归。
　　酒债寻常行处有，人生七十古来稀。
　　穿花蛱蝶深深见，点水蜻蜓款款飞。
　　传语风光共流转，暂时相赏莫相违。

"江头"是指曲江池头。从这首诗的内容来看，杜甫到质库借钱是以春衣为抵押品。

不少贵族官僚的后代因为家境衰败，常常把先辈遗留下来的房产、地产等作为抵押品，到质库借钱，唐太宗时著名宰相魏徵的后代就是如此。

唐宪宗对魏徵很是欣赏，认为他不顾个人得失，为了国家利益而敢于谏诤。809年初，他派人去

魏徵画像

调查魏徵的故居。不料，魏徵的玄孙魏稠因为家境衰败，已将魏徵遗留下来的房产"质钱于人"，因为无力赎回房产，导致这些房产已被变卖。这时，魏徵的故居已被9家人所拥有。平卢淄青节度使李师道请求以个人财产赎回这些房产，然后送给魏徵的后人，宪宗同意了，并让白居易起草诏令，以示嘉奖。白居易说："此事事关激劝，应由朝廷来做。李师道算什么？岂能让他获取这个好名声！希望用官府的钱赎回这些房产，交给魏徵的后代。"宪宗觉得白居易说得很有道理，便下令从国库里拨出2000贯（即200万）钱赎回魏徵故居，将这些房产还给魏稠等人，同时禁止他们以后再将这些房产质押给别人或出售给别人。

段秀实为陇州汧阳（今陕西千阳）人，出身名门，天宝年间随军征战于西域。后因治军有方，屡立战功，代宗时升任泾州刺史

段秀实画像

等职。德宗时，加检校礼部尚书，封张掖郡王。建中四年（783），泾原节度使姚令言率军东征，不料士兵们走到长安东郊时发动叛乱，德宗狼狈逃出长安。叛军回到长安后，拥立朱泚。段秀实曾任泾原节度使，深得将士爱戴，朱泚便拉拢他参与叛乱。段秀实坚决不从，并用象笏击打朱泚，朱泚顿时血流不止，仓皇而逃。叛兵群起而上，杀害了段秀实。德宗回到长安后，下诏褒奖段秀实为国捐躯的英勇事迹，追赠他为太尉，又赏赐他的后人庄、宅各一区。

德宗赏赐给段秀实后人的一处住宅在长安城崇义坊，其位置大约在今西安市南稍门、西安市红会医院一带。这处庄宅后来竟然也被段秀实的后代所典卖。大中十年（856），唐宣宗命令用政府公款3475贯将其赎回，交给段秀实的后人。

上述两个故事令人感叹不已。大唐名相魏徵和忠勇之臣段秀实都是令人敬佩的人物，而他们的后人却因各种原因，不得不靠借贷度日，以至于将先人留下的房产和地产等质押于人，最后又不得不变卖这些财产。难怪古人说，富不过三代。

质库办理抵押贷款称为"收质"或"纳质",这种放款是有息抵押借贷。唐朝法律对质库的贷款利率有明文规定,而且规定不得"回利作本",就是俗话所说的"利滚利"。有些质库经营者为了牟取暴利,往往将利率提得很高,甚至达到"倍称之息"。

第三节 信用借贷的活跃

唐代的借贷可分为两种:一是抵押借贷,二是信用借贷。质库经营的贷款属于典型的抵押借贷。唐代不仅质库借贷相当活跃,信用借贷也很常见。信用借贷大致可分为两类:一类是官营的公廨本钱贷款,另一类则是私人经营的贷款。这些借贷行为当时称为出举、举放、放债、放息钱等。

唐代的私营借贷相当活跃,其经营者不仅有富商巨贾及富户,贵族、官僚放债牟利者也屡见不鲜。从事放债活动的商人中,既有汉族商人,也有少数民族商人和外国商人。

德宗以后，中央禁军神策军由宦官统领，神策军将士大多横行不法，京兆府对他们无可奈何。元和四年（809），许孟容任京兆尹，上任不久就遇到一个棘手的案子。原来，神策军将领李昱从长安一位富商处借款800万钱，借款期为三年，到期后李昱并未按时归还本金和利息，富商就把李昱告到京兆府，请官府为他做主。许孟容派人将李昱抓起来，投入大牢，命令他当天还款，并说："如不能按期还款，就处以死刑。"

神策军归宦官统领，宦官权势很大，官员都害怕得罪禁军将领。许孟容刚正不阿，依法办案，神策军上下大为震惊，他们连忙向宪宗投诉。宪宗命宦官到京兆府传旨，要求把李昱送到神策军中。许孟容坚持不放人。宦官再次到京兆府传达圣旨，许孟容上奏说："臣下知道，如不奉诏罪当死，但臣下负责管理长安，理应为陛下抑制豪强。借款未还完，李昱决不可放回！"宪宗算是个明白的皇帝，也只好同意。李昱不得不将借款如数归还。在此案中，李昱借款多达800万钱，数额相当大。可以想见，提供贷款的富商资金实力相当雄厚。

长安的胡商("番客")相当多,其中许多人就从事放债活动。由于胡商财力雄厚,以至于长安城中的各个阶层人士都从他们那里借钱,也说明胡商的放债对象相当广泛。

德宗时,著名大将李晟有15个儿子,其中李愿、李愬最有名,尤其是李愬更是功勋卓著,位极人臣。"李愬雪夜入蔡州"的故事家喻户晓,深受时人称赞。

不过,李晟也有几个儿子德行并不好。他的儿子李㥄,倚仗父亲的功勋地位,一直升到右龙武大将军。李㥄整天沉湎酒色,生活放荡而奢侈,甚至欠下几千万钱的债务。李㥄的儿子也是如此,他竟然从回鹘商人那里借了1000多万钱(1万余贯),而且借款到期后没有及时归还贷款。回鹘商人很着急,便一再催促他还款,他就是不还。回鹘商人万般无奈,只好把李㥄的儿子告到官府,请求官府为他做主。唐文宗得知此事后大为震怒,将李㥄贬为定州司法参军。值得注意的是,回鹘商人能够给李㥄的儿子借出1000多万钱,可见其资本实力多么雄厚。

除了商人、富户以外,一些贵族、官僚甚至皇亲贵戚也放款牟利。贞观年间，高季辅给唐太宗报告说："一些公主和勋贵之家，平时生活很抠门，好像很节俭，但是另一方面他们却追求奢侈豪华，纷纷从事高利贷，向外贷款，以便获得高额利息。公侯贵族尚且如此追求利润，普通百姓怎么判断它的对错呢？"

唐政府曾明文禁止官员放债，但这种现象在唐代屡禁不止。天宝年间，一些地方官为了放债取利，同时又能回避政府的禁令，便采用"交互放债"的方式：州县官员之间互相帮忙，你在我管辖的州县放债，我在你管辖的州县放债；你帮我催收贷款，我帮你催收贷款，大家互相帮助，一起发财。这个现象越来越普遍，严重影响了百姓的生产和生活，连唐玄宗也看不下去了。天宝九载（750），玄宗下诏对这种现象严词斥责，并规定：今后，如果发现这种情况，放债的官员一律就地解职，钱物没收，然后依法惩处。事实上，官僚放债的行为，虽然唐政府屡次明令禁止，但始终是禁而不绝。

私营贷款的对象相当广泛，包括普通的城市居民，如一般中小商人、手工业者及其他居民，城市郊区的贫苦农民也往往成为私营放债的主要对象之一。当时农民向官府交纳赋税，或因天灾人祸等原因，常常成为放高利贷者的盘剥对象。此外，士大夫、官僚、贵族乃至禁军将领也是私营借贷的主要放款对象。值得注意的是，唐代还出现了一种特殊的贷款，即所谓"京债"。

唐代选拔官员主要采用科举制。每年，各地的士人到京城长安参加科举考试。考中进士后，士人们还要参加吏部的"铨选"。铨选通过后，才能确定每个士人到底当什么官。士人铨选成功后，消费很大，比如要感谢"座主"（主考官），也要宴请"同年"（同一年考中进士的），他们为了面子而不得不大摆排场，购车马，买华丽的服装。于是许多人不得不靠借债来维持这种场面。这种特殊的消费群体在京城长安年年出现。这些"准官员"们靠借贷来维持表面的奢华，显然也引起了最高层的注意。

武宗会昌元年（841），中书门下上奏说："年轻的候任官员们都在京城借债，等上任后再归还借款。官员贪污都是因此而起的。"为此唐政府决定：政府给当年新任命的河东、陇西、廊坊、邠州等地的官员各借两个月俸禄，发放俸禄时再予以扣除。唐政府企图通过这一办法避免官员遭受私营高利贷者的盘剥，但这一办法显然不可能一劳永逸，官吏借贷者仍时有所闻。

上面所说的借贷属于民间借贷。此外，唐代还存在着庞大的官营借贷，即公廨本钱制度。隋文帝时创建了公廨本钱制度。唐朝继承了隋朝的公廨本钱制度，并有进一步的发展。

在唐代，由政府拨给各级官府一定数额的专款作为资本，从事放债活动，这种资本称为"公廨本钱"或"食利本钱"。唐代公廨本钱制度始创于唐高祖武德元年（618）。从唐初到开元中，公廨本钱制度虽然中断过几次，但都为时甚短，之后再也没有中断过。

公廨本钱的经营方式大致如下：政府拨给各级官府数额不等的专款作为资本，各个官府设置捉钱官吏，如捉钱令史、府史等，专门负责公廨本钱的经营。捉钱令史把公廨本钱放给富户豪民，责成他们按期交纳利息，定期交回本钱，这些人被称为"捉利钱户"或"捉钱户"。捉钱户利用公廨本钱直接放债收息，将利息交给官府；他们的徭役得以免除。债务人在借贷公廨本钱时，应填写契书，还要有保人做担保。如债务人无力清偿本息而逃亡或死亡，则由保人赔付所欠本息。

长安是唐朝国都，作为中央政府的台、省、府、寺等各级机构都设有公廨本钱，用来放债牟利，所以长安公廨本钱的规模很大。在长安城中，有70多个中央政府部门都设有公廨本钱，每个部门大体有9人负责经营公廨本钱借贷，以此计算，仅长安就有630余人专门从事官营借贷。

中央政府从三省、六部、御史台到五监、九寺、馆、院等，各个官府都设有数额不等的公廨本钱。贞元十二年（796），御史中丞王颜上奏详细列举了68个政府机构设置公廨本钱的情况，其中67个官府都在长安，例如中书省5998贯，门下省3970贯，尚书都省10215贯，兵部6520贯，户部6000贯，礼部3528贯，工部4320贯，御史台18591贯。

这些官府的本钱一般都在1000贯以上，少则只有数百贯甚至数十贯，有些官府则多达10000贯以上，本钱最多的京兆府多达48889贯224文。据统计，这67个政府部门设置公廨本钱的总额多达241738贯，而这67个官府并非在京的全部衙门。此外，仍有不少设置本钱的官府。长安、万年二县也有本钱。乾元元年（758），肃宗下令给长安、万年两县各借1万贯作为公廨本钱，每月收利。据统计，各级官府在长安设置的公廨本钱总额至少在30万贯以上。

唐代公廨本钱的借贷利率，总体上呈现出逐步下降的趋势：贞观年间年利率96%；开元时年利率84%；开元十六年后，官营借贷年利率60%；穆宗长庆三年以后，年利率降至48%。

唐代公廨本钱制度在实际运行中存在不少弊端，主要是贷款利率太高，导致债务人破产，本金无法收回；有关官员贪污，导致大量本金损失；有些商人将自己的私款混入公款，从中渔利。

第四节　飞钱——汇兑业务的产生

中唐以后，随着商品交换的日益活跃，出现了最初的汇兑业。当时进行汇兑的形式称为"飞钱"或"便换"。从现有文献记载看，飞钱的出现最早在唐宪宗元和年间（806—820），其发源地和主要办理机构就在长安。

办理飞钱汇兑业务的机构，既有诸道进奏院、诸军、诸使等官方机构，也有富家等私人机构，参与汇兑业务的主要是商人。什么是进奏院？原来，中唐以后，各道和各府以及少数州一级地方政府都在京师长安设立进奏院，专门负责当地政府与京师长安的各种联络。这种进奏院与现在的地方政府驻京办事处相似。

此外，唐政府还设有各种负责财政经济的专门使职，如水陆转运使、诸道转运使、盐铁使等，这些使职往往在全国各地设有办事机构。这样一来，诸道进奏院及诸军、诸使等便为商人从事飞钱汇兑业务提供了便利条件。商人将沉重的现钱交给诸道进奏院及诸军、诸使等机构，并领取一张文券，然后可以轻装到外地去从事贸易。商人到达目的地后，凭文券到当地政府机构领取现钱，在当地采购货物。

所谓飞钱，就是在甲地交钱领取文券，在乙地凭文券取钱，这显然是现代汇票的最初形式。采用飞钱形式汇兑大量现金，既可以避免商人携带现款的风险，同时也免得地方政府不断地向京师长安运送现钱。这样做既安全又方便，所以飞钱又被称为"便换"。除官方机构办理飞钱业务外，长安的一些富商巨贾也办理飞钱业务。

飞钱无疑是中唐以后商业及货币经济迅速发展的产物，它的出现也与当时的货币流通状况有关。随着商品生产的发展和商品交换规模的不断扩大，唐代从事长途贩运的商人越来越多，而长途贩运的交易额往往很大，这就促使货币流通的地域范围和规模扩大。

开元通宝钱的法定重量为每贯6斤4两，那么1000贯铜钱的重量就达7800~8400市斤。当时商人进行长途贩运时，交易额往往达到成千上万贯的规模，沉重的铜钱给商人进行远距离大宗贸易带来很大不便。于是在异地之间进行大额现金汇兑，便成为从事长途贩运的商人的迫切愿望，也是商品货币经济发展的迫切要求。飞钱汇兑业务正是在这样的社会需求下应运而生。

飞钱的产生与茶商的经营活动有极为密切的关系。南方地区盛产茶叶，北方地区则不生产茶叶，但北方的茶叶市场却相当广阔，饮茶之俗也相当普遍。在此情况下，北方商人南下采购茶叶，而南方的茶商也纷纷北上长安等地，将南方的茶叶源源不断地贩运到长安及北方其他地区。

这样一来，长安和北方商人就需要运送大量现钱去南方，南方茶商在长安出售货物之后，也需要把现钱运回家乡。当时在长安与南方之间存在着频繁的巨额现金往来，如果依靠传统的运送方式显然很不方便，途中也有风险。所以茶商对飞钱汇兑业务的需求最为迫切，他们很可能是飞钱的创始人。

飞钱的产生与当时货币流通中的矛盾也有密切关系。中唐以后，流通中的货币数量显然不能满足商品交换日益扩大的需要，出现了"钱荒"现象。为了缓解这一矛盾，唐政府于贞元初年禁止商人携带现钱出骆谷（今陕西周至西南)、散关(今陕西宝鸡西南),一些州县也往往禁止现钱出境。在此情况下,商人为了从事长途贩运,只好采用汇兑现金的形式。由此可以说,当时通货不足也是促使飞钱产生的一个原因。

飞钱的产生既是唐代商业空前发达的必然结果,也有利于商业的进一步发展。飞钱汇兑业务产生以后,商人到外地贸易时就不必携带沉重的金属货币了,而仅仅用一张文券来代替巨额现金。这种办法方便快捷,又比较安全,从而为商人从事贸易活动提供了前所未有的便利,因而有利于商业的进一步发展。

另外,唐德宗以后,货币流通领域出现了通货严重紧缩的状况,钱重物轻现象日趋严重。这种状况对商品交换和经济发展显然很不利,但使用飞钱后,商人将巨额现金交给户部及诸军、诸使等设在长安的进奏院等机构,用一纸文券代替现金,这对加快货币流通速度、改善货币流通状况无疑是大有裨益的。

飞钱的使用甚至对唐政府的财政状况也有一定影响。元和六年(811),唐政府下令禁止茶商到官府便换现钱。

不料，这一禁令反而使唐政府吃了大亏。第二年，王绍代表户部上奏说："现在京城的人在交易中都重视现钱，而最近官府中的现钱越来越少。"官府为什么缺少现钱？王绍分析说："主要是因为近来不允许商人便换，所以造成货币滞藏，钱多不出。"可见商人便换对唐政府财政状况影响之大。为此，王绍等人请求唐政府允许商人在中央三司便换现钱，一切按旧的制度办理，宪宗只好同意。

现在汇兑现钱时，都要交纳一笔汇兑费。唐代商人在进行便换时，要不要交纳汇兑费呢？

元和年间，唐宪宗下令恢复飞钱业务，规定商人在户部、度支、盐铁三司办理汇兑时，每 1000 钱交纳 100 钱的手续费，即 10% 的汇兑费。令下之后，没有商人到官府去汇钱。后来，政府只好取消这 10% 的汇兑费，实行免费汇兑的办法，以便吸引商人前来汇兑现钱。

飞钱汇兑业务实际上是一种信用关系，在唐代，这种信用关系有时遭到官府的破坏，致使飞钱的信用降低。

懿宗咸通八年（867）十月，户部侍郎崔彦昭上奏说：商人在长安将现钱交给户部等机构后，持文牒到江淮地区领取现款时,当地政府对商人往往加以留难,没有及时兑付现钱,使便换的信誉遭到破坏,引起"商人疑惑"。为此有些商人不敢再去官府便换,结果导致"当司支用不充"。

飞钱作为汇兑业的一种形式,不仅仅是商人利用飞钱来汇兑现金,社会各层人士也可以通过这一形式汇款。曾经有一位士人将外地的一处房产卖了,得到了几百贯的巨额现钱,他很担心带着这么多的现钱在途中遭到抢劫。于是,他请求熟人将这笔巨款交给官府,换取一张文券,然后轻装回到家乡。此事说明士人也可以利用便换汇兑现金。

飞钱是唐代商品经济日益发达的产物。它的出现和推广使用,标志着唐代的商业和信用事业已经发展到一个前所未有的新水平。飞钱产生后,在客观上也促进了商业的进一步发展。

第五章

国内外交通及对外贸易的发达

无论是商品流通还是商人往来，都离不开交通运输业。只有具备了先进的运输工具及良好的交通道路，商品才能更多、更快地贩运到更远的地方去。对外贸易更离不开交通业的发展。唐朝时期，不论是国内交通还是与国外之间的交通，都比前代有了非常显著的发展。交通业的发达，不仅促进了国内商业的活跃，也促进了唐朝与世界各国之间的经济交流和贸易往来。

第一节　国内外交通的发达

　　唐代的国内交通比前代更加发达，既包括四通八达的陆路交通，也包括江河漕渠等水路交通，在海上交通方面也有显著进步，内地通往周边少数民族地区以及通往国外的道路也更加通畅。

一、四通八达的陆路交通

唐代的陆路交通四通八达，以长安为中心，北路经蒙古到叶尼塞河、鄂毕河上游，再往西达额尔齐斯河流域以西地区；西路经河西走廊，出敦煌、玉门关西行，至新疆境内，有三条路可通中亚、西亚、南亚，这就是著名的"丝绸之路"；西南路经西川到吐蕃，再向南行，可达尼泊尔、印度，或经南诏、缅甸到印度；东路经河北、辽东可到朝鲜半岛。

唐朝的驿传制度更加完善和发达，中央政府兵部下辖的驾部，负责管理全国的驿站系统。唐朝规定，每30里设一个驿站，玄宗开元年间，全国设陆驿1397所，水驿260所，水陆相兼的驿站86所。陆驿配备马和牛等；水驿配备船及兵丁，一条驿船配备兵丁3人。每个驿站设驿长1人，并根据驿站的重要性及繁忙程度，配备相应数量的驿马。长安向东去第一个驿站都亭驿，因为重要而配备了75匹驿马；各道第一等的驿站，则配备60匹驿马。

驿站都由官府出资管理。唐政府设置驿站，主要是为了便于官吏往来与文书传递，为官府提供服务。但是，驿站系统的完备，有利于交通运输业的发展，因为驿站之间都有良好的驿路连接。这些驿路就相当于现在的国道，四通八达，路况良好，便于人员和车辆通行。较大的驿站如马嵬驿（今陕西兴平西），设备相当可观，前有梨树，侧有旅店，厅内还有佛堂；一般的驿也有亭有楼，有东厅西厅，附近风景宜人，树木成荫，驿旁一般还有客舍、邸店。元稹《褒城驿》称赞褒城驿说："严秦修此驿，兼涨驿前池。已种千竿竹，又栽千树梨。四年三月半，新笋晚花时。怅望东川去，等闲题作诗。"更重要的是，驿站附近往往有私人营建的旅馆、酒馆等设施，专门为私人提供服务，这就便于商人的往来。

唐朝时，以长安为中心，有许多著名的交通大道，如潼关道、蒲津关道、武关道、子午道、褒斜道、傥骆道、陈仓道等，后五条道路是长安和关中通往汉中、四川及江淮地区的重要通道。

潼关道是古都长安通往黄河中下游以及江淮地区的一

秦岭古道示意图

条非常重要的大道。这条道路形成得很早，先秦时称"桃林塞"路，秦、西汉称"函谷路"，东汉以后称"潼关路"。周、秦、西汉、隋、唐等王朝在关中建都时期，它是横穿中国腹地连接长安与洛阳的轴心干道。

潼关道的具体走向，在长安以东沿着渭河南侧东行，线路平直开阔，路基比较稳定。唐朝时，由京城长安东去洛阳有宽阔的驿路。具体的驿站如下：由长安都亭驿东去的驿路，出通化门15里至长乐驿，又称长乐水馆，为京城东去第一驿，也是百官迎来送往饮宴之地。白居易《长乐坡送人赋得愁字》诗云："行人南北分征路，流水东西接御沟。终日坡前恨离别，谩名长乐是长愁。"长乐驿东去15里至灞桥驿，又名滋水驿。灞桥驿迎送之事也很多，所以称灞桥为"销魂桥"。灞桥东去30里到会昌县（今西安临潼），有会昌驿，会昌驿附近就是著名的华清宫。天宝七载（748），会昌县改称昭应县，驿名昌亭，也称昭应驿。昭应县东北14里处有阴盘城，天宝初年置阴盘驿。阴盘城东4里处为新丰县。新丰县以美酒闻名远近，设有不少店铺，生意兴隆。新丰县向东去12里至戏水店，隋大业六年（610）置戏水驿，在戏水西岸，又名戏口驿、戏源驿。戏水驿东行10里至零口。零口向东行，经杜化驿、东阳驿、赤水店等地至华州郑县（今陕西华县），有州驿。由华州再向东行，经敷水驿、长城驿至华阴县，再向东经永丰仓至潼关。出潼关后，沿着黄河南侧东行，可直达东都洛阳。

蒲津关道是由长安向东北行、连接秦晋的道路，因蒲津关而得名。蒲津关位于陕西大荔县朝邑镇以东黄河上。唐代共设26个关，蒲津关是其中6个上关之一，可见其地位很重要，有驿路相连。唐朝时，由长安至蒲津关有南、北两条驿路，两条驿道在同州（今陕西大荔）会合。

南道由长安都亭驿东行，经长乐驿、灞桥驿，折北过东渭桥18里至鸿胪馆，又12里至高陵县，由高陵沿渭水

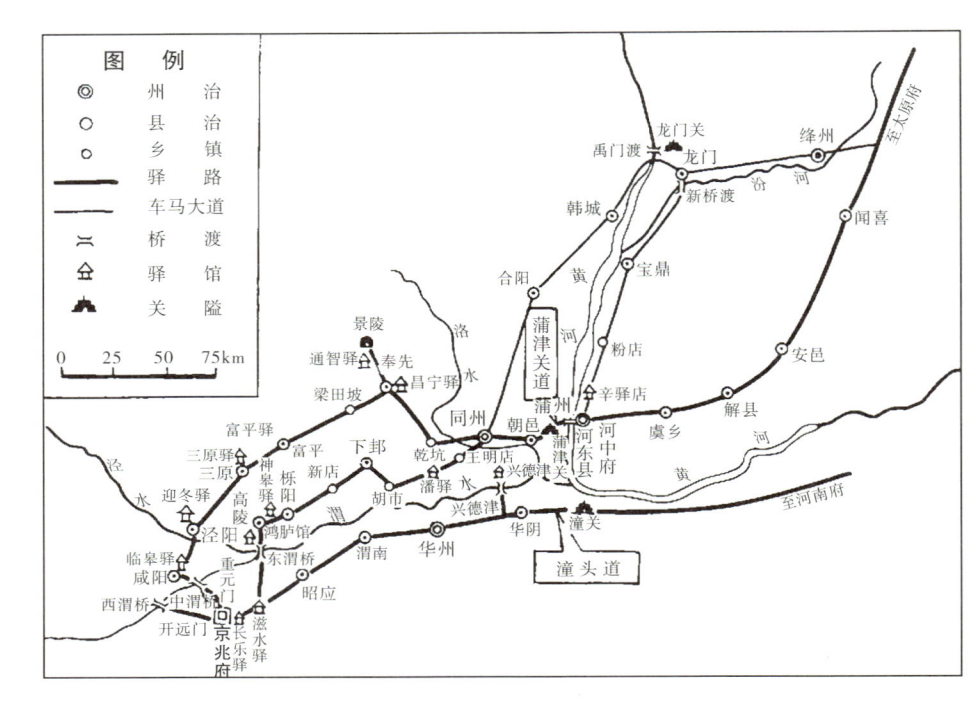

潼关道与蒲津关道

北侧东行20里至栎阳县，折北行30里至新店，经永安店、赤水口后北渡渭河，经故市店后继续北行，过潘驿店、王明店渡洛河至同州。

北道由长安向北行，经中渭桥70里至泾阳县迎冬驿，从泾阳往东40里至三原县，向东40里至富平县，又60里至梁田陂，再30里至奉先县（今陕西蒲城），东行60里

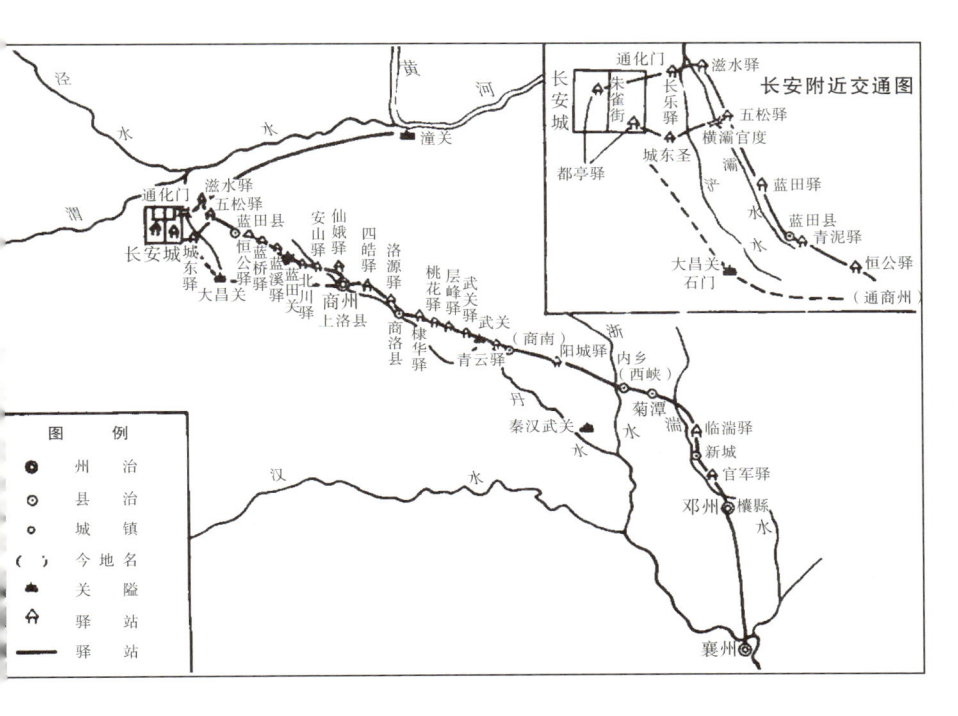

武关道（商於古道）

至乾坑店，又东40里至同州治所冯翊县（今陕西大荔）。从同州去晋州（今山西临汾）也有两条道路：一是东经朝邑县渡蒲津关至蒲州（今山西永济）；二为东北行经郃阳、韩城至禹门口，渡河过龙门关至绛州（今山西新绛）。从绛州向北行，就可到达太原。

武关道又名"商山路""商州道""商於古道"。春秋战国时开辟，起自长安，经蓝田、商州至河南内乡、邓州（今河南邓州）。隋唐时，武关道为京城长安通往荆汉、江淮间的重要通道，许多文士、官吏经由此道游学取仕或赴任，故被称为"名利路"。王贞白《商山》诗云："商山名利路，夜亦有人行。"白居易《登商山最高顶》诗曰："高高此山顶，四望唯烟云。下有一条路，通达楚与秦。"七年内他自己就在此条道上走了三个来回！许多贬官如韩愈、颜真卿等，被贬去潮州、荆襄、岭南等地时，也走武关道。

唐人杜佑盛赞唐代交通的发达，他说：开元、天宝时，"长安以东到宋州（今河南商丘）、汴州（今河南开封），长安以西到岐州（今陕西凤翔）。大道两旁都有不少的商店、旅馆、饭馆、酒馆等，以招待来往的客人，它们提供的酒食很丰盛，令人难忘。每个商店或旅店都有一种交通工具可以出租给客人骑乘，这就是'驿驴'。这种专门用于出租的驿驴，倏忽之间就可以行几十里，颇为便捷"。这些驿驴相当于今天的出租车，有了这些驿驴，商人往来就会更加方便快捷。在通往各地的大道两旁，一般都设有"店肆",即旅店和饭馆,专门给长途贩运的客商提供食宿服务。有了这些便利条件,商人外出经商时,远行数千里而"不持寸刃"。

唐玄宗时,张九龄开凿大庾岭路;唐宪宗时,陆庶开福建陆路400余里。两条新路的开辟,主要是为商业上的便利,其他地方也有新开辟的商路。

二、水路交通的发达

武则天时,崔融谈到唐代水路交通之发达时说:"天下诸津,舟航所聚,旁通巴汉,前指闽越,七泽十薮,三江五湖,控引河洛,兼包淮海。弘舸巨舰,千轴万艘,交货往还,昧旦永日。"中唐时,刘晏则说:"舟车既通,商贾往来,百货杂集,航海梯山……"

唐朝时,大运河成为南北方商业交通的重要通道。隋炀帝开凿大运河,使百姓吃尽苦头,却让唐朝人深受其惠,所以唐人李吉甫说:大运河"隋氏作之虽劳,后代实受其利"。晚唐诗人皮日休也盛赞大运河说:"北通涿郡之渔商,南运江都之转输,其为利也博哉!"可见隋代大运河为唐代商品流通提供了难得的便利条件。

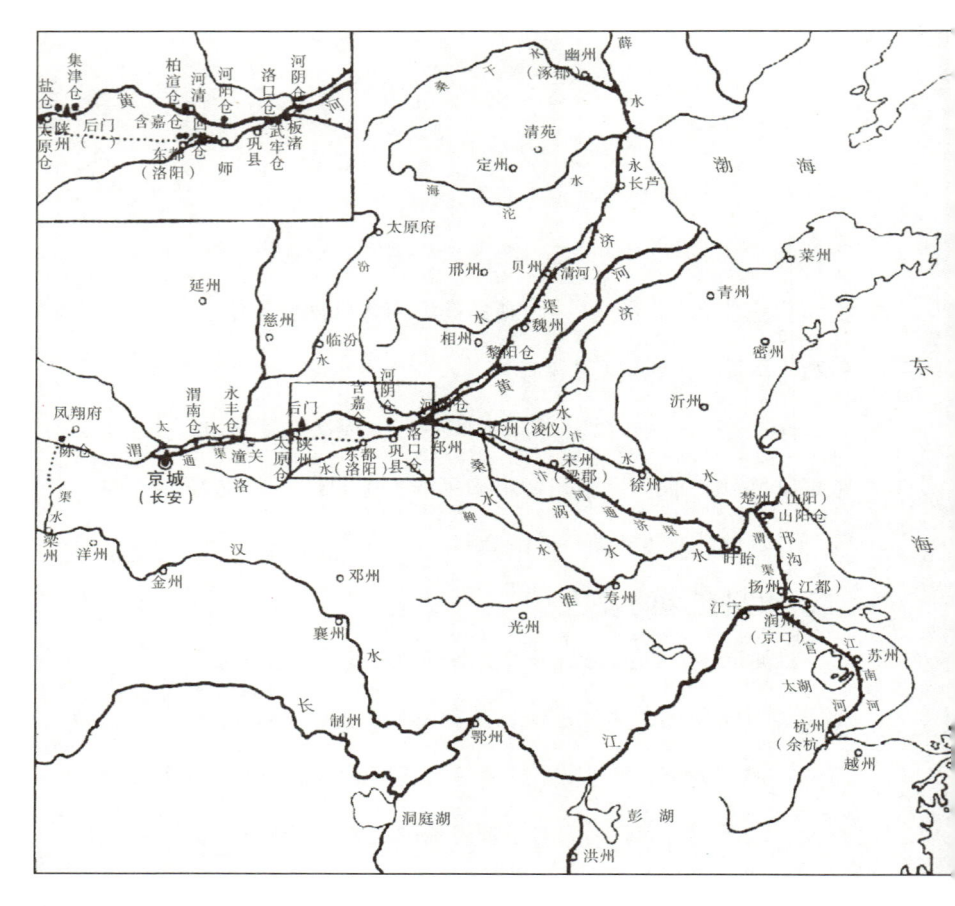

唐代运河图

　　唐代水路交通相当发达，无论大江小河，到处都有商人贩运货物的舟船。唐人李吉甫说：从扬州、益州（今四川成都）到湘南以至交州（今越南河内）、广州，再到闽中，"公家运漕，私行商旅，舳舻相继"。

东南地区江河纵横，水路交通尤为发达，商人使用舟船贩运货物也更加普遍，当时甚至有"江淮商贾，业在舟船"之说。文宗时，扬州一带的长江上，舫船、积芦船、小船等不可胜计。为了让商船和漕船航行更加便利，盐铁使王涯奏请唐政府在扬州南郭开凿了七里港。

长江上下更是商船不绝于途。贞观初年，玄奘西行求法前，就曾在成都与商人结伴而行，泛舟三峡，沿江而下，最后到了荆州天皇寺。长江中游的鄂州（今湖北鄂州）地区，水运极为发达。763年12月，鄂州遭遇大风暴，引发火灾，导致3000艘船被焚，说明这里平时舟船相当多。杜甫曾有诗说："风烟渺吴蜀，舟楫通盐麻。"商人们通过长江航道将吴盐运到蜀地，又将蜀麻运到了吴地。

天宝十载（751）正月，陕州（今河南三门峡）用于漕运的船只失火，结果215艘漕船被焚毁，可见陕州商船之多。

唐代开凿了不少水利工程。高祖武德八年时，水部郎中姜行本在陇州开凿五节堰，引水通运。沧州（今河北沧州）境内有一条无棣河（也称无棣沟），隋末填废。

无棣河西边与大运河相通，东边与渤海相通。永徽元年（650），薛大鼎任沧州刺史时，重新疏通无棣河，从而使运河与渤海连接起来，百姓颇得鱼盐之利。所以，百姓歌之曰："新河得通舟楫利，直达沧海鱼盐至。昔日徒行今骋驷，美哉薛公德滂被！"

玄宗时，为了防止舟船倾覆之患，齐浣在润州（今江苏镇江）开凿伊娄渠，可以直达扬子江。

三、海运的发展

唐代的海上运输也有明显进步。唐太宗时，唐军东征高丽，就曾由海上运输粮饷，当时唐太宗任命太常卿韦挺负责海运。

不仅战时有海运，平时也有海运。河北支度营田使宋庆礼，在营州开营田八十余所，由于粮食充足，于是"罢海运"。敦煌发现的唐代《水部式》中还记载了登州（今山东蓬莱）、莱州（今山东莱州）、沧州（今河北沧州）、瀛州（今河北河间）等州有从事海运的水手3400人。开元年间，因为大风，沧州大量的海运船漂没，平卢军的军粮损失多达5000余石，舟人皆死。

懿宗咸通三年（862）五月，南诏攻陷安南都护府治所交趾（今越南河内），唐政府征发诸道兵赴岭南救援。当时，唐政府通过湘江、漓江往岭南运送军粮颇为艰难，导致军粮供应紧张。润州人陈磻石到朝廷上书，自称可以解决这一难题。他说："我有奇计，可以快速运送军粮。"唐懿宗召见了他，他上奏说："臣的弟弟陈听思曾任雷州刺史，家人随海船到福建，一只大船来往可运 1000 石粮食。从福建装船南下，不到一月就可到广州，用几十艘船，就可以把 3 万石粮运到广州了。"懿宗便任命他为盐铁巡官，前往扬子巡院"专督海运"，结果广州前线的军队再也不缺军粮了。这是唐末利用海运大规模运送军粮的具体事例，说明唐代的海上运输的确有了一定规模。

四、通往周边少数民族地区和外国的道路

唐朝时期，内地通往周边少数民族地区以及国外的道路主要有七条。唐德宗贞元年间，宰相贾耽对这些线路的走向及具体里程都有详细记载。《新唐书·地理志》详细转录了他的记载。这七条道路的大体情况如下：

第一条是从营州（今辽宁朝阳）通往东北地区的"安

东道",是通往东北少数民族奚、契丹地区的道路。从营州向东行180里可达燕郡城,又经过汝罗守捉,渡过辽河后,再行500里就到安东都护府。从安东都护府向东南行800里可到平壤城;西南行600里可到都里海口;南可到鸭绿江。第二条是从登州(今山东蓬莱)出发通往高丽的"高丽、渤海道"。第三条是从夏州塞外出发通往北方的大同、云中道,是通往北方少数民族地区的道路,这条道路也称"草原道"。第四条是从受降城通往北方回纥地区的"回鹘道"。第五条是从安西都护府通往西域地区的"西域道",是陆上丝绸之路的一部分。安西都护府的治所在龟兹,它是唐朝的边防重镇,也是贾耽所说的"安西入西域道"的起点。由龟兹向西行,经过拔换城(今新疆阿克苏),再西度岭,沿着热海(今伊塞克湖)之南到达碎叶,由碎叶城东南行,至疏勒镇(今新疆喀什)。由拔换城南行,渡过赤河(今塔里木河),可达于阗(今新疆和田)。从于阗镇西北行,亦可至疏勒镇。由疏勒镇西南行,登上葱岭,上有葱岭守捉,为安西都护府最西边的戍所。这些道路大部分都在今新疆维吾尔自治区西南部和南部。

第六条是从安南通往印度的"天竺道"。第七条是广州通海夷道,从广州出发至东南亚、印度洋诸国。上述七条道路中,五条为陆路,两条为海路。

上述道路的走向复杂曲折,纵横几万里,涉及许多民族地区和域外国家。这些道路仅仅是最重要的交通要道,至于其他较次要的道路更是四通八达,无所不至。上述道路主要是通往周边少数民族地区以及朝鲜半岛和中亚、西亚、南亚的陆路。

唐代通往外国的海上交通比以前更加发达。唐与朝鲜半岛之间既有陆路相通,也存在海上交通,其海上线路大致如下:由登州(今山东蓬莱)起航向东北航行,经过龟歆岛(今钦岛)、末岛(今大小钡岛)、乌湖岛(今南城隍岛)300里,北渡乌湖海,至马石山(今老铁山)东之都里镇(今旅顺市附近)200里。东傍海壖,过青泥浦(今大连湾)、桃花浦、杏花浦、石人汪(今石城岛以北的海峡)、橐驼湾(今东港大鹿岛以北的大洋河口)、乌骨江(今丹东之瑗江)800里。然后沿着海边航行,经过乌牧岛(今朝鲜身弥岛)、贝江口(大同江)、椒岛

（即今朝鲜大同江出海口的椒岛），到新罗西北之长口镇。又过秦王石桥、麻田岛（今属韩国，乔桐岛）、古寺岛（今韩国江华岛）、得物岛（今大阜岛），千里至鸭渌江唐恩浦口。

如果沿着上述航线继续向东南航行，经过釜山，渡过对马海峡，经过对马、壹岐岛，就可以到达日本九州南部博多一带。《日本书纪》称：日本遣唐使登船的港口是难波的三津浦（今大阪市南区三津寺町），从三津浦出发的船只沿濑户内海西下到达筑紫的大津浦靠岸。大津浦就是今天的博多，唐代时博多设有日本太宰府的外交机构鸿胪馆。唐朝时，也可以由扬州或明州（今浙江宁波）出海，横渡东海，直驶日本。

唐朝到南亚的海路，从广州经越南海岸，在马来半岛南端过马六甲海峡到苏门答腊，由此分别到印度尼西亚、爪哇、斯里兰卡、印度。前往西亚的海路，主要是从广州出发，经东南亚，越印度洋、阿拉伯海至波斯湾沿岸。唐朝还初步开辟了到埃及和东非的海上交通路线。

通过海路，中国也可以赴林邑（今越南南部）、真腊

（柬埔寨）、诃陵（今爪哇岛）、骠国（今缅甸），经天竺（今印度）直至大食，与欧洲各国发生关系。当时，广州、泉州、刘家港（今上海吴淞口近处）等地都是著名的对外港口。

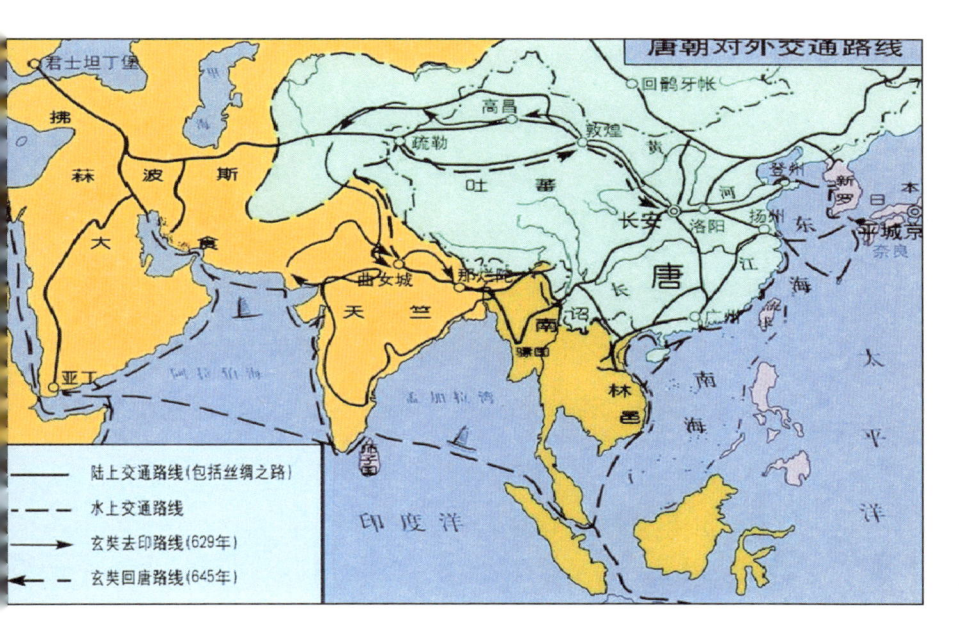

唐朝对外交通线路

第二节　丝绸之路的繁荣

丝绸之路是一条古老而漫长的商路，也是一条连接亚、欧、非三大洲并促进其经济与文化交流的大动脉，它贯穿古代中国、阿富汗、印度、阿姆河—锡尔河地区、伊朗、伊拉克、叙利亚、土耳其，通过地中海到达罗马。丝绸之路有狭义与广义之分，狭义的丝绸之路一般指陆上丝绸之路；广义的丝绸之路又分为陆上丝绸之路和海上丝绸之路。这里主要谈陆上丝绸之路。

自古以来，为了维护丝绸之路的通畅和繁荣，中国历代王朝曾付出了异常艰巨的努力。唐朝经过多年的苦心经营，保持了丝绸之路的通畅和繁荣。唐朝时，通过丝绸之路来到中国内地经商的外国商人络绎不绝，中国大量的丝织品、瓷器、茶叶等被贩运到了欧、亚各国，而大量的外国商品也通过这条商道进入唐朝境内。

一、灭高昌

隋及唐初，丝绸之路沿线有一个小国——汉族麴氏建立的高昌国（今新疆吐鲁番）。武德二年（619），高昌国王麴伯雅去世，其子麴文泰继位为高昌国王，并派使者到长安报丧。当时唐朝建立不久，为了维持西域商路的通畅，唐高祖派遣朱惠表前往高昌吊祭。

贞观四年（630），麴文泰到长安朝贡，唐太宗对他颇为礼遇，甚至赐予麴文泰妻子宇文氏皇姓，将其封为常乐公主。后来，麴文泰派兵袭击焉耆，大肆掠夺。他又勾结西突厥，占领焉耆五城。贞观十三年（639），麴文泰派兵进攻唐朝西伊州（今新疆哈密）。为了独占商业利润，他下令拦截从此通过的西域商人，劫掠商人财物，来唐贸易的各国商人深受其害；西域来唐朝的使者也都被他扣留。高昌国王的种种行为，已经严重影响了丝绸之路的通畅。薛延陀甚至遣使到唐朝控诉高昌国的罪行，要求唐朝讨伐高昌，并表示愿意做向导。

麴文泰的行为也遭到当地人民的反对。当时高昌流传着一首民谣："高昌兵，如霜雪；唐家兵，如日月。日月照霜雪，几何自殄灭。"这首民谣反映了高昌人民的心声。

唐太宗曾希望麴文泰能够悔过，便向他下达玺书，极力劝诫，征他入朝。麴文泰假称有病，不肯来长安。唐太宗派李道裕前往高昌责问他。麴文泰非常傲慢，竟然说："鹰飞天上，雉伏蒿中，猫游堂奥，鼠安于穴，它们尚且各得其所，我为一国主，难道还不如鸟兽？"仍然不肯归顺。

唐太宗决心扫除这个障碍。贞观十三年十二月，唐太宗命侯君集、薛万彻率兵讨伐麴文泰。麴文泰为什么敢于对抗唐朝？他曾对手下人说："我到唐都朝觐时，亲眼看到秦州、陇州以北城邑萧条，远不能和隋朝时的强盛相比。"听说唐军准备讨伐高昌，他居然对国人说："唐军要来讨伐我们，发兵多则会军用物资供应不上；如果发兵三万以下，我们就有能力对付。加上碛路艰险，长途行军，疲劳不堪，我以逸待劳，何足为虑？即使他们兵临城下，不过20天，他们肯定会军粮断绝，自然溃败。"唐军到达碛石后，麴文泰听说有十几万人，吓得不知所措，第二天便身患大病，几天后就去世了。麴文泰的儿子智盛即位。

唐军到达柳谷后，听说麴文泰已死，高昌国人正忙着办理丧事，将领们便主张乘机进攻高昌，侯君集却不同意。等高昌国办完丧事，侯君集便下令进攻，一举拿下了田城。

唐军很快兵临高昌城下，把高昌城团团围住。高昌以前与西突厥订有互相援助的盟约，西突厥军队在途中听说唐军已到了高昌，便中途折返，高昌已完全成了孤城。

唐军攻高昌城时使用了一种"抛车"，相当于现代的大炮，它可以把巨大的石头发射到城里。高昌人纷纷到房里躲避石头。智盛无计可施，只好开城投降。侯君集又令部将分兵出击，接连攻下三郡五县二十二城。唐灭高昌政权后，在高昌设立西州，并在此设置安西都护府，留兵镇守西域，保护丝绸之路的通畅。

二、统一西域

唐朝时期的西域主要指巴尔喀什湖以南、以东的新疆、青海广大地区。早在西汉时，汉朝就在这里设置西域都护府，代表中央政府行使主权，它的管辖范围包括巴尔喀什湖在内的帕米尔地区。东汉继续设都护府或校尉进行管理。魏晋南北朝时，丝绸之路时断时续，中国与中亚、西亚各国的贸易往来也深受影响。隋朝大力开拓西域，丝绸之路又活跃起来，但这种繁盛局面并没有维持多长时间。

北朝以来，突厥迅速崛起于漠北和西域地区。583年，突厥分裂为东突厥和西突厥，但其实力仍非常强大。隋末唐初，东突厥颉利可汗连年进扰内地，大肆杀掠。武德七年（624）秋，突厥侵扰关中，长安为之戒严，唐高祖甚至一度想迁都山南。武德九年（626）八月，颉利可汗与突利可汗又率兵十万大举进攻，一直打到武功、高陵、泾阳，兵临渭水便桥，长安为之大震。

唐太宗决心反击突厥，为此做了大量的准备工作。他首先对将士们加强战备教育和训练。他对将士们说："希望你们集中力量学好骑射。只有做好战争准备，才能保持边疆的安全。"唐太宗还经常亲自教战士射箭，并进行考核，成绩优异者给予奖赏。经过几年严格的训练，唐军战斗力显著增强。

这时，东突厥境内连年大雪，六畜多被冻死。颉利可汗向境内各族征收重税，引起反抗。颉利可汗与突利可汗之间更是矛盾重重。贞观三年（629）冬，唐太宗命徐世勣、李靖等人统率十万大军，分道大举出击。次年初，李靖出奇制胜，在定襄大败突厥，颉利可汗狼狈逃窜。李靖又乘胜追击，生俘颉利可汗，东突厥自此灭亡。

东突厥灭亡后,突厥人有的投奔西突厥,有的归附薛延陀,另外有10余万人归附唐朝。唐太宗把这些突厥人安置在北方边区,并设置六个都督府来管理。突厥上层人物迁到长安,被封为五品以上高官的达100多人,不少人还当了唐朝的将军。这充分体现了唐王朝的开放与自信!

唐太宗统一大漠南北之后,便准备扫除丝绸之路上的障碍,完成统一西域的事业。唐初,西突厥的势力相当强大。西突厥射匮可汗在位时,其势力东至金山(今阿尔泰山),西至今咸海一带,自玉门关以西的一些地方政权都臣服于他。射匮可汗死后,弟弟统叶护继位。统叶护拥有数十万军队,他北并铁勒,西拒波斯(今伊朗),南接罽宾,称霸于西域。西突厥奴役当地各少数民族,曾向西域诸国每个国家派吐屯一人进行监督,并征收赋税,严重威胁唐朝的统治,阻碍了丝绸之路的通畅。

贞观初年,统叶护可汗被杀,西突厥陷入内乱,西域诸国和铁勒各部纷纷叛离。唐灭高昌后,西突厥又利用龟兹破坏唐朝通往西域的商路。为了打通丝绸之路,彻底统一西域,贞观二十一年(647)十二月,唐太宗派阿史那社尔和郭孝恪讨伐龟兹（今新疆库车）。次年四月，西突厥内部分裂，阿史那贺鲁率部归降唐朝，并自愿担任向导。

贞观二十二年九月，阿史那社尔打败西突厥处月、处密两部，引兵对龟兹发动攻势。龟兹大为恐慌，各地酋长先后逃奔。唐朝大军到达碛石的时候，距离龟兹城只有300里。阿史那社尔派伊州刺史韩威先行，右骑卫将军曹继叔跟进，各带兵数千直奔多褐。龟兹王诃黎布失毕率军迎战。韩威佯装败退，布失毕率兵急进，追赶唐军三四十里。这时，唐将曹继叔忽然从后山杀出，和韩威合兵，大败布失毕。

这年十二月，阿史那社尔再度率军攻城。诃黎布失毕率兵突围，逃往拔换城（今新疆阿克苏）。阿史那社尔留部将郭孝恪镇守龟兹，自己亲率大军围攻拔换城。经过激战，唐军攻入城里，俘虏了诃黎布失毕。唐军入城后，召开庆功大会。忽然，郭孝恪派人急报：西突厥将领那利率军一万回攻龟兹，情况危急。韩威、曹继叔等人率兵营救不及，城已陷落，郭孝恪战死。援军攻进城里，那利逃进深山。

阿史那社尔率领的唐军先后破龟兹五个大城。唐政府把安西都护府迁到龟兹，管辖焉耆、龟兹、碎叶、疏勒四镇，从此唐朝基本上统一了西域。

649年，唐瑶池都督阿史那贺鲁叛变，他召集离散的西突厥部落后，势力逐渐强大。他听说唐太宗已经去世，即阴谋夺取西州。永徽二年（651）春，贺鲁设牙帐于双河，自称沙钵罗可汗。处月、处密及西域诸国都归附于他。永徽四年（653），西突厥乙毗咄陆可汗死，其子颉苾达度设称真珠叶护。他与贺鲁发生矛盾，联合五弩失毕，击败贺鲁。

655年夏，唐朝任命程知节为葱山道行军大总管，讨伐西突厥沙钵罗可汗阿史那贺鲁。656年冬，程知节军至鹰娑川，前军总管苏定方击败西突厥骑兵4万人。唐军至怛笃城后班师。

显庆二年（657）春，唐朝派出两路人马向西突厥进发。十二月，苏定方率军抵达金山（今阿尔泰山）以西，击败五咄陆之一处木昆部，该部俟斤归降。苏定方率军至曳咥河（今喀喇额尔齐斯河）西，阿史那贺鲁率西突厥十万骑兵来拒。苏定方率唐军及回纥万余骑兵迎敌，贺鲁大败。贺鲁率轻骑奔窜，渡伊丽河，兵马溺死者甚众。

第二天，唐军继续追击，五弩失毕全部投降唐军。五咄陆得知贺鲁兵败，纷纷投降。苏定方命令萧嗣业率兵追击贺鲁，唐军冒雪昼夜兼程前进。唐军至金牙山，纵兵攻破贺鲁牙帐，俘获数万人。贺鲁渡伊丽水西逃。苏定方追至碎叶水，尽夺贺鲁部众。贺鲁及儿子咥运逃至石国（今塔什干）苏咄城，人马饥乏，城主伊涅达干诈以酒食出迎，遂将他们父子逮捕，送往石国。石国国王又将贺鲁父子交给唐将萧嗣业和阿史那元爽。至此，西突厥国亡。阿史那贺鲁被俘至长安后，唐高宗赦免其死罪。

唐朝统一西域对于维护丝绸之路的通畅和繁荣具有极为重要的意义。唐军打败西突厥后，唐太宗曾对位于中亚的安国使臣说："西突厥已经投降，商旅可行矣。"于是，西域胡商大为高兴。唐灭西突厥后，在西突厥故地天山北路一带设置了北庭都护府，下辖二州和昆陵、濛池二都护以及23个都督府；在天山南路，于661年分置16个都督府以及80个州、110个县，并设军府126个，全部隶属于安西都护府。

唐朝恢复在西域的统治，不仅解除了西突厥在大唐西部的威胁，保护了丝绸之路的通畅，而且对于巩固西部边防、维护国家统一，都具有非常重要的意义。丝绸之路的通畅，为西域胡商和波斯、大食等外商到唐朝内地贸易提供了良好的条件。

三、丝绸之路的线路

陆上丝绸之路是连接古代中国内地与欧洲诸地的陆上商业贸易通道，形成于西汉时期，以西汉国都长安为起点，最初的作用是运输中国出产的丝绸，所以德国地理学家李希霍芬于19世纪70年代最早将这条东西方的通道命名为"丝绸之路"。在不同的历史时期，丝绸之路的线路、走向会有所不同。

唐朝时，陆上丝绸之路可以分为东、中、西三段，其线路和走向大致如下：

东段：从唐都长安出发直至敦煌，这段线路远比中段和西段稳定。长安以西又可分为3条线路：

①北线：从长安出发，沿渭河至虢县（今陕西宝鸡），过汧阳县（今陕西千阳），越六盘山固原和海原，

丝绸之路线路图

沿着祖厉河西行，在靖远渡黄河至姑臧（今甘肃武威），路程较短，沿途供给条件差，是早期的路线。

②南线：由长安出发，沿渭河西行，过陇关、上邽（今甘肃天水）、狄道（今甘肃临洮）、枹罕（今甘肃临夏），由永靖渡黄河，穿西宁，越大斗拔谷（今扁都口）至张掖。

③中线：与南线在上邽分道，过陇山，至金城郡（今甘肃兰州），渡黄河，溯庄浪河，翻乌鞘岭至姑臧。南线补给条件虽好，但绕道较长，因此中线后来成为主要路线。

南、北、中三线会合后，由张掖经酒泉、瓜州至敦煌。

中段：敦煌至葱岭（今帕米尔高原）或怛罗斯（今哈萨克斯坦的江布尔城）。

自玉门关、阳关到西域有两条道路：从鄯善傍南山北、波河西行，至莎车为南道，南道西逾葱岭则出大月氏、安息；自车师前王庭（今新疆吐鲁番）随北山、波河西行至疏勒（今新疆喀什）为北道，北道西逾葱岭则出大宛、康居、奄蔡（黑海、咸海间）。北道上有两条重要岔道：一是由焉耆西南行，穿塔克拉玛干沙漠至南道的于阗；一是从龟兹（今库车）西行过姑墨（今新疆阿克苏）、温宿（乌什），翻拔达岭（别迭里山口），经赤谷城（乌孙首府），西行至怛罗斯。

由于南北两道穿行在白龙堆、哈拉顺和塔克拉玛干大沙漠间，条件恶劣，行进艰难，东汉时在北道之北另开一道，隋唐时成为一条重要通道，称新北道，原来的汉北道改称中道。

新北道由敦煌西北行，经伊吾（今新疆哈密）、蒲类海（今巴里坤湖）、北庭（吉木萨尔）、轮台（半泉）、弓月城（霍城）、碎叶（托克马克）至怛罗斯。

西段：即葱岭以西至罗马。丝绸之路西段涉及范围较广，包括中亚、南亚、西亚和欧洲，历史上国家众多，民族关系复杂，因而路线常有变化，大体可分为南、中、北三道：

①南道由葱岭西行，越兴都库什山至阿富汗喀布尔后分两路：一路西行至赫拉特，与经兰氏城而来的中道相会，再西行穿巴格达、大马士革，到地中海东岸西顿或贝鲁特，由海路转至罗马；另一路从白沙瓦南下抵南亚。

②中道（汉北道）越葱岭至兰氏城西北行，有两条岔路，一条与南道会，一条过德黑兰与南道会。

③新北道也分两支：一经钹汗（今费尔干纳）、康国（今撒马尔罕）、安国（今布哈拉）至木鹿与中道会合后西行；一经怛罗斯，沿锡尔河西北行，绕过咸海、里海北岸，至亚速海东岸的塔那，由水路转刻赤，抵君士坦丁堡（今伊斯坦布尔）。

唐朝时，除了陆上丝绸之路更加通畅，海上丝绸之路也比以前更加发达。唐代海上丝绸之路的线路大致如下：商船从广州起航，沿中南半岛航行，先到越南南部的昆仑岛（军突弄山），穿越南海，到印度尼西亚苏门答腊岛东南的室利佛逝（佛逝国）。从室利佛逝往东航行，可以到达爪哇（诃陵国）；往西则穿过马六甲海峡，进入印度洋，横穿孟加拉湾，至斯里兰卡（狮子国）。再绕过南印度，沿西印度海岸航行，抵达波斯湾头、阿拉伯河河口的乌巴剌（乌剌国）。然后换乘小船，溯阿拉伯河而上，抵达巴士拉（末罗国）。从乌巴剌亦可沿阿拉伯半岛海岸南行，抵达东非的索马里（三兰国）。可见，唐代联结东西方的海上丝绸之路畅通，所联系的地区也空前扩大，尤其是东非地区开始被纳入东西方海上商业贸易网络之中。

第三节　对外贸易的发达

　　唐朝时期国家统一，国力强盛，社会安定，水陆交通空前发达。唐政府十分重视与各国之间的贸易往来与经济交流，对外国商人来唐贸易毫无限制，而且还鼓励他们来唐贸易。于是外国商人纷纷来唐，唐朝商人也远渡重洋到外国经商，从而使唐朝的对外贸易盛况空前。

　　唐朝对外贸易的范围已经扩大到亚洲绝大部分国家及欧洲、非洲的部分地区。除了民间商人贸易外，唐政府也在对外贸易中占有重要地位。唐朝时，许多国家通过"朝贡"的形式与唐朝进行各种贸易，即所谓"朝贡贸易"。永徽七年（656）正月，波斯派遣使节到唐朝贡献方物，唐朝各赐物百匹。新罗国经常遣使到唐朝贡献方物，开元年间新罗所献的方物有果下马、牛黄、人参、鱼牙、纳䌷、镂鹰铃、海豹皮、金银等，而唐玄宗则赏赐给新罗紫罗绣袍、金银器物、瑞文绣绯罗、五色罗、彩绫、绢等物。开元十七年（729）九月，大食国遣使来唐贡献方物，玄宗"赐帛百匹"。这类事例在唐朝非常多，各国来唐朝朝贡时，唐政府都有回赠，这种朝贡贸易的形式一直持续到明清时期。这种回赠其实就是对外国商品付款，而"朝贡"是当时对外贸易的主要形态，所以10世纪外国旅行家夏德说："这种朝贡的记载，表示大食商人和中国朝廷之间商业关系的密切。"

一、对外贸易的管理

唐朝的对外贸易，一是通过陆上丝绸之路与中亚、西亚进行贸易，朝鲜半岛（新罗）、南亚的一些国家也可以通过陆路进行贸易；一是通过海上丝绸之路与各国进行贸易。

在中国历史上，唐朝首次设立了专门负责对外贸易的官职——市舶使，这充分体现了唐朝对外贸易的发达。唐朝设置市舶使，最早始于唐玄宗开元二年（714）。见于记载的第一任市舶使是右威卫中郎将周庆立，其官名是"安南市舶使"。唐玄宗时，唐与海外各国的贸易往来迅速发展，所以玄宗下令设置了这个全新的官职，由其负责唐朝与外国的贸易事务。

唐前期，对外贸易最为繁盛的港口主要是安南（今越南河内）、广州、泉州、扬州等城市，其中广州、安南最为繁盛和重要，市舶使最初就是派往安南的。后来，唐朝主要将市舶使派往当时的海外贸易中心——广州。东晋南朝以来，广州的政治地位日益上升，逐渐取代交州而成为岭南政治中心。在唐代，广州是岭南道和岭南节度使的治所，政治经济地位极其重要，所以后来唐朝将市舶使常设于广州。

唐政府选任市舶使时，最初都是从朝官中选拔，首任市舶使周庆立就是以右威卫中郎将而出任市舶使的。两年后，玄宗又准备任命监察御史杨范臣为市舶使。德宗时，王虔休任市舶使，他也是一位朝官。另外，唐政府在选拔市舶使时，一般是从熟悉当地情况的人士中选派。周庆立就不是一般的朝官，他原来是"昭州首领"，昭州（今广西平乐）为岭南道桂州都督府所辖，可见最初在选拔市舶使时，是以熟悉当地情况的地方酋豪为对象的。

开元十年（722）以后，唐朝开始以宦官充任市舶使，宦官韦某就被任命为市舶使，前往广州负责对外贸易事务。这是第一次用宦官充任市舶使。此后，市舶使绝大部分由宦官担任。广德元年（763），任市舶使的吕太一也是宦官。

文宗开成年间（836—840），以宦官担任市舶使的做法发生了变化。以前，由一般的宦官临时前往广州任市舶使；到此时，则由长驻岭南的监军（宦官）兼任市舶使。唐后期，因为藩镇割据日益严重，皇帝对地方节度使不放心，便给藩镇派宦官充任监军，所以监军权势很大。大中四年（850），宦官李敬实就是以广州都监的身份兼任市舶使。可见，当时以监军领市舶使的做法已成为一种惯例。这个时期还出现了"监舶使"。

起初，市舶使都是临时到广州主持对外贸易事务，所以并没有常设的市舶官员或市舶机构。后来，市舶使逐渐演变为一种常驻之官，这主要是在监军兼领市舶使之后。因为唐后期监军已经制度化，一般任期为三年，任满之后再入觐述职，听候迁转。

德宗以前，市舶使并无固定的办公场所，因为市舶使只是临时差遣的官员，不可能有常设机构。唐德宗以后，市舶使有了固定的办公地点——市舶使院，同时也有相关的文书资料，这标志着市舶机构的正式设立。

唐政府虽然向广州派驻市舶使，负责有关对外贸易事务，但地方政府也有管理对外贸易的权力。广州设立市舶使之前，广州都督就有管理市舶的职责。唐后期的岭南节度使同样负有管理对外贸易的职责。

永淳元年（682），路元睿任广州都督。当时，昆仑国商人每年都到广州来进行贸易，一些官员利用管理对外贸易的机会，乘机勒索外商，"冒求其货"，"侵渔不已"。外商向路元睿投诉，不料路元睿反而惩治这些商人，外商极为愤怒。一个昆仑国商人在衣袖里暗藏利剑，直接冲进都督府办公大厅，跑到路元睿面前，乘其不备将他刺死，随后又连杀十几人,卫兵竟然无人敢上前。随后,这个外商扬长而去,乘船驶向大海,广州官府派人去追击,却没有追上。

广州地方当局之所以能够对外商"冒求其货",就是因为他们拥有直接的市舶管理大权。外商有不满,只能向广州都督投诉,并由其进行判决。这次事件中,外商愤怒的矛头也是指向广州都督的。此后,唐政府改任王方庆为广州都督。王方庆在任时,"秋毫无所索",一改前任都督的做法。这说明广州地方长官拥有直接的市舶管理的大权。

唐后期,岭南节度使掌管市舶的事则更为常见。贞元十一年(795),王锷任岭南节度使,当时来到广州的外国商船比以前更多。王锷利用职务之便,大肆从外商身上捞取好处,结果迅速成为暴发户,据说他家的财富比公家的钱财还多。

正因为如此,唐文宗在大和八年(834)专门给岭南、福建、扬州这三个外商较多的地方的节度使下令,禁止对外商征收重税,要求他们对外商多加照顾,让其自由进行交易。这也表明市舶管理大权在地方上集中于地方长官之手,他们负责对外商进行"存问",并管理番舶的各项具体事务、番商之贸易等各个方面。

地方官员对市舶的管理主要体现在以下几个方面:第一,奏报。外国商船(番舶)到达港口后,地方政府要及时向朝廷汇报。第二,检查货物。外国商船进港后,首先由地方长官对其进行检查。大历四年(769),李勉任岭南节度使。以前外国商船每年只有四五艘,由于李勉为官廉洁,外商船舶进港后,他一律不进行检查。结果到他任职后期,每年来广州的外国商船多达40多艘。本来这种"检查"是行使国家主权的正当方式,但是不少前任节度使却常常以"检查"为名,对外国商人敲诈勒索,结果导致外国商人不断减少。当然,唐后期岭南节度使也有很廉洁的,如卢钧、韦正贯等人都是如此。第三,款待外商。外国商船到达后,地方长官还要举行"阅货宴",以款待远道而来的外国商人。参加阅货宴的人员有外商,也有地方官员。第四,征收"舶脚"。"舶脚"就是关税,向外商征收舶脚,是岭南节度使的重要职责之一。第五,收市。"收市"就是由官员优先购买外国珍贵商品。显庆六年(661)规定：外国商船到港口后十天内，先由地方长吏如数购买，官府交易完成后，再由民间自由交易，这就是"收市"。收市所得到的商品上交中央少府监，以供朝廷之需。第六，进奉。所谓"进奉"，就是番商向唐朝皇帝进贡珍异物品。岭南节度使在征收关税和收市之后，也要将所得商品向朝廷贡献，这是其进行番舶管理中最重要的一环。第七，作法，就是制定某些有关番舶管理的政策法令，这是岭南地方长官市舶管理的重要职权之一。总之，广州地方长官是唐代市舶事务的主要管理者，从番舶管理之大政方针到各项具体事务均由其全面负责。

当唐政府派有市舶使时，地方长官与市舶使两者并存，共同管理对外贸易；在朝廷未派市舶使时，则完全由节度使负责市舶事务。总体来说，地方长官对市舶的管理是全面的、经常性的和一贯的，而市舶使则是开元年间以后新设的专门官职。初期的市舶使，其使命主要是为皇室采购舶来珍异物品，因而其对市舶之管理只是"拱手监临大略而已"。监军领市舶使的制度确立之后，市舶使的管理权限有所加强。公元9世纪中叶至10世纪初成书的《中国印度见闻录》说:"如果到中国去旅行,要有两个证明:一个是城市王爷的,另一个是太监的。城市王爷的证明是在道路上使用的,上面写明旅行者以及陪同人员的姓名、年龄和他所属的宗族……而太监的证明上则注明旅行者随身携带的白银与货物,在路上,有关哨所要检查这两个证明。""城市王爷"就是节度使,他所发的证明就是唐代的通行证——过所;太监就是市舶使。从"太监的证明"登记的内容来看,其与节度使颁发的过所是有区别的:过所着重登记旅行者的身份,"是在道路上使用的";而"太监的证明"登记的是其财产、货物。

随着海外贸易的不断发展,各国商人纷纷来到唐朝经商,于是在中国沿海的一些城市中形成了外国商人聚居区,这些外国侨民聚居区称为"番坊"。在中国古代,"番"一般是指外国或外国人,"坊"则是唐朝时对城市街巷的通称。唐代的城市往往被划分为若干个街区,这些街区就称为"坊"。所以,"番坊"就是外国人集中居住的街区。

番坊出现的时间,最迟在唐文宗大和年间(827—

835）。番坊最早出现在广州。秦汉以来，广州就成为重要的对外贸易港口，但由于受航海技术等因素的制约，唐以前通过海道来广州的外国商人并不是太多，在广州定居的外商就更少，所以唐以前难以形成外国商人的聚居区。唐朝时，对外贸易日趋活跃，越来越多的外国商人来到广州等地经商，而且很多人因为种种原因（如季风因素）而定居下来，从而形成了外国商人聚居的街区。

唐文宗大和年间，房千里《投荒杂录》一书最早记载了广州的番坊。他说："近年来，广州番坊献食，大多用糖蜜、脑麝，还有鱼俎，这些食品虽然味道甘香，但腥臭味也相当重。"当时，来唐经商的外国人必须居住在专门的街区，不得与当地百姓杂居。开成年间，卢钧任广州刺史时，就对"蛮僚杂居，婚娶相通"的现象进行整顿，明确规定外国人和唐人必须"华蛮异处"。

不仅在广州有番坊，扬州、泉州等城市也有番坊。这些番坊的居民，主要是来自西亚、南亚、东南亚等地区的外国商人，如波斯商人、大食商人等。

番坊的居民都是商人，但他们来自不同的国家或民族，语言不同，风俗各异，难免产生纠纷。为此唐政府实行了特殊的管理办法，就是在番坊设立"番长"或"都番长"。番长一般由外国侨民共同推举德高望重的人来担任，不过，番长还必须得到唐政府的任命，因此番长也称为番酋或番官。9世纪时，苏莱曼在其游记中说："各地伊斯兰商贾既多聚于广府（广州），中国皇帝因伊斯兰风俗，任命判官一人，治理该地所有的伊斯兰教徒。""判官"就是番长，他们是由中国皇帝任命的。

唐政府有时还给番长授以官衔。在印度尼西亚苏门答腊岛有一个三佛齐国。天祐元年（904），唐昭宗任命三佛齐国进奉使蒲诃粟为福建道的都番长，并任命他为"宁远将军"。宁远将军虽然只是一个散官，并无实职，但这是一种很高的荣誉。

番长或都番长类似于城市里的坊正，不过，他们的职权比一般坊正要大得多。番长对番坊的管理，包括处理番坊公事和管理商业交易方面的事务，其主要职责有：

1.番长首要的工作就是"管勾番坊公事"，即传达执行上级官府的政令，处理番坊日常政事，管束外籍侨民。

三佛齐国示意图

2.代表政府行使部分司法权。外国人在中国犯罪,必须接受中国政府的司法审判,但在量刑时则根据犯罪的对象,参考外国的法律和惯例。唐政府曾赋予番长一定的司法权力,以处理轻微的案件。外国商人触犯法律后,先由地方政府审理,罪行轻的送番坊,由番长处以鞭刑;若犯徒刑以上的罪行，则由地方政府处置。唐律规定：所有在唐朝的外国人（即化外人），如果是同类相犯，即同一国家的人相互之间的法律纠纷，按其本国的法律和习惯处理，由番长执行处罚；如果是异类相犯，则按唐朝法律处罚；如果是高丽人与百济人之间相互侵犯，则一律适用唐朝法律决断，论定刑名。但是不论什么情况，司法审判权归唐政府，番长仅仅是有时执行审判结果。唐人李肇《唐国史补》说"番商有以欺诈入牢狱者"，即有些外商因欺诈行为而被唐政府投入监狱。

3. 协助官府处理对外贸易事务。据唐人李肇说：外国商船到达广州、安南等地后，地方政府要及时奏报，这时人来人往，非常热闹，整个城市为之喧腾，在交易过程中，有番长主领其事。当然，番长还负有应付官府须索、承购官方所需物资的职责。

4. 作为唐政府与海外商人之间的中介人，负责招徕外国商人来唐贸易。唐政府利用番长熟悉海外情况、联系面广泛、经验丰富等优势，命令他们招徕外国商人来唐贸易。唐代番坊中的居民大多为波斯商人，也有大食商人以及其他西亚、南亚等国的商人。

在中国北方渤海、黄海、东海沿岸的城市中，也有大量的外国商人，他们主要来自东亚的新罗、日本，于是在登州（今山东蓬莱）、泗州（今江苏盱眙）、楚州（今江苏淮安）等城市中出现了新罗商人聚居的街区——新罗坊。新罗坊除了有相当于番长的总管以外，还设有专知官、译语、团头等。

唐朝对外贸易的发达，还体现在唐政府对外商的遗产继承权、婚姻、民事纠纷、法律地位等问题都有具体的立法。唐代以来，外国商人来唐朝经商者日趋增多，在唐朝居住的时间也越来越长，有的外商甚至在唐朝娶妻生子，购置地产和房产；不少外国商人世代居住在唐朝，也有外国商人不幸在唐朝去世。这就涉及外商遗产的继承问题。

元和前期，唐政府规定：外国"海商"如果在唐死亡，妻子和儿子可以到官府来办理遗产继承手续；如果三个月期满后，他的妻子、儿子未来官府办理，则由官府将海商遗留的货物和财产予以没收。这是唐政府关于外商遗产继承的一项重要法令。元和年间，孔戣任岭南节度使时对这项法令做了重大修改。他说:"外商到唐朝做生意,一个来回往往以年计,怎能按月计算?今后,外商在唐朝死后,如果其家属确实有合法的证据证明他们之间的亲属关系,则不论时间长短,外商的所有遗产全部返还给其家人。"这是对外商遗产继承法所做的重要修改。

二、唐与东亚的贸易

隋唐之际,朝鲜半岛上同时存在着高句丽、百济、新罗三个国家。唐与新罗分别于唐高宗显庆五年(660)灭百济,总章元年(668)灭高句丽。上元二年(675),新罗统一朝鲜半岛。此后,新罗与唐朝一直保持友好关系。新罗派遣大批留学生到长安学习,不少人还在唐朝参加科举考试,甚至留在唐朝做官。

新罗与唐朝的贸易往来十分频繁。新罗来唐商人很多,北起登州(今山东蓬莱)、莱州(今山东莱州),南至楚州(今江苏淮安)、扬州,都有新罗商人的足迹。楚州有新罗会馆,山东半岛的赤山、登州、莱州有新罗坊、新罗所。新罗坊就是新罗人在唐朝城市中聚居的街区,专门接待新罗客商。当时来往于唐朝、新罗、日本的船只多达数十艘。新罗商人运至唐朝的牛黄、人参、海豹皮、朝霞紬、金、银等物，占唐朝进口物产的首位，丰富了中国人民的生活。他们又从唐朝贩回丝绸、瓷器、茶叶、书籍等。

楚州城内的新罗侨民，有不少人从事航海运输业。日本外交使团从唐朝回国时，一次就在楚州城内雇用了60多位熟悉航海路线的新罗人。在涟水县新罗坊内，也有不少人以运输为业，日本外交使团回国时也曾在该地雇请水手。扬州城内的新罗侨民还有不少人从事商业。这些新罗坊不仅是商品集散的中转站，而且还具有信息传播和提供运输服务的商业社区功能。所以，它们在当时的东亚国际贸易中扮演了十分活跃的角色。

新罗村是新罗人在唐朝境内集中居住后形成的村落，主要存在于黄海沿岸的农村地区。登州牟平县的陶村、邵村浦、乳山浦，文登县的赤山村、刘村，莱州即墨县的南升家庄，密州诸城县的驳马浦，海州东海县的宿城村，泗州涟水县的涟水乡，都有新罗村。

不少新罗人在中国以经商和运输为业，活动于登州、莱州、密州、淄州、泗州、楚州、扬州、苏州、明州等地。也有不少新罗侨民穿越黄海,穿梭于唐朝与新罗、日本三国之间,从事海上贸易。例如圆仁在唐朝所结识的新罗人金子白、金珍等人,就曾多次参加唐朝与日本之间的贸易。

说到唐朝时期的东亚国际贸易,就不能不提到充满传奇色彩的张保皋。

张保皋本来是新罗人。790年,他出生在韩国全罗南道的莞岛,由于他是平民,没有姓,仅有名,叫"弓福",张保皋是他后来到中国起的名字。张保皋少年时就喜欢舞枪弄棍,工于枪法。元和二年(807),他渡海来到唐朝。他有一个好朋友叫郑年,也是新罗人,武功与他不相上下。他们后来到徐州参加了武宁军,成为唐朝的士兵。张保皋英勇善战,屡立战功,被提拔为武宁军小将,成了唐军中的一名军官。

在唐与新罗的贸易中,不少新罗良民被贩卖到唐朝为奴婢。唐政府多次发布禁令,始终收效不大。淄青节度使李师道是高丽人李正己的孙子,由于新罗灭了高丽,所以高丽与新罗有世仇。所以,在他控制的山东地区,贩卖新罗人为奴婢的现象更加猖獗。张保皋在唐朝期间，看到这一现象愤愤不平，决心回国荡平海盗，禁绝买卖人口现象。

824年，张保皋辞掉武宁军小将之职，来到新罗人聚居的赤山浦（今山东荣成市石岛湾）。当时，石岛湾有很多新罗人信仰佛教，张保皋征得唐政府同意，在赤山浦建立了佛教禅院。因为周围的山石都是红色，相传有赤山神保佑当地众生，又因建院时请来诵经的首批僧人属天台宗派，读诵《法华经》，所以这个禅院取名为"赤山法华院"。法华院建有大殿及配楼、钟楼、讲经堂等，常住僧人多时达40余人，法会人数有时超过250人。每年农历八月十五日，周边的新罗人都聚到这里，载歌载舞，欢度节日。此后，赤山法华院成了新罗人往返大唐的中转站。赤山法华院还为从新罗来到唐朝的旅行者以及从事贸易活动的人提供住宿便利。

828年，张保皋回到新罗后奏请新罗兴德王："我在唐朝看到许多新罗人被卖为奴婢，我愿意率兵驻守海上交通要道，以防止海盗掠卖新罗人为奴。"兴德王同意了。后来，张保皋招募1万多人组成一支军队，在清海镇设立了大本营。张保皋率领军队，很快荡平了多股海盗势力。从此，海上贩卖新罗人为奴的事基本绝迹。张保皋在新罗声名鹊起，成为人们心目中的英雄。扫荡海盗后，张保皋组建了庞大的船队，往返于新罗与唐朝和日本之间，进行海上贸易。9世纪30年代，张保皋等新罗人几乎垄断了新罗与唐朝、日本之间的贸易。张保皋的商船曾贩运大批唐朝商品到日本博多的太宰府。张保皋的海上贸易越做越大，积累了相当多的财富。现在，张保皋被韩国人视为民族英雄，甚至被称为"海上王"和"贸易王"。

张保皋势力强大后，开始拥兵自重，后来又独占国际海洋贸易，甚至卷入了新罗王室王位继承纷争。后来，张保皋因功被封为感义军使。新罗文圣王欲纳张保皋之女为妃，朝中贵族因其出身微贱，坚决反对。再后来，文圣王与张保皋之间产生了极大的矛盾。846年，文圣王和新罗贵族乘机将张保皋杀害。

唐朝时，唐与日本的文化交流相当频繁，双方的贸易往来也相当多。不少唐朝商人通过海运将唐朝的商品贩运到了日本，又从日本贩运回了不少商品。唐宣宗大中六年

(852),唐朝商人钦良晖的商舶从日本肥前国值嘉岛扬帆归国,在海上航行6天,于闽江口的福州连江县登陆。随船而至的还有日本僧人圆珍、丰智等人,他们在福州居留达6年之久,于大中十二年(858)才搭乘唐朝商人李延孝的商船返回日本。

三、唐与南亚、东南亚、西亚之间的贸易

唐朝与南亚、东南亚、西亚各国也保持着频繁的贸易往来。林邑(今越南中部)、泥婆罗(今尼泊尔)、骠国(今缅甸)、赤土(今泰国)、真腊(今柬埔寨)、室利佛逝(今印尼苏门答腊)、诃陵(今印尼爪哇)、天竺(今印度、巴基斯坦、孟加拉)、狮子国(今斯里兰卡)、大食(阿拉伯帝国)、波斯(今伊朗)等国都与唐朝有广泛的贸易往来。各国使节、贵族、商人、学者、艺术家、僧侣、旅游者不断来到唐朝。

随着海陆交通的发展,唐与东南亚、南亚各国的商业联系、外交往来进一步密切起来。

林邑位于今越南中部。武德六年(623)以后,林邑多次遣使与唐通好,派使者送来驯象、镠锁、五色带、朝霞

布、火珠、五色鹦鹉。唐高宗、唐玄宗时期，林邑常遣使入唐，天宝八载（749）曾送珍珠100串、沉香30斤、驯象20头。中唐以后，林邑改称环王国，仍然与唐通好。

真腊（今柬埔寨）也常派使者来中国。真腊与唐朝贸易频繁：唐朝的巨型帆船带去大批中国物品，在真腊行销的中国商品有金、银、缣帛、漆器、瓷器、水银、纸札、硫黄、檀香、白芷、麝香、麻布、雨伞、铁、锡、铜盘、水珠、桐油、簸箕、木梳、针等；而真腊的船只也来到广州等地进行贸易。

位于南亚的印度、巴基斯坦、孟加拉，当时统称天竺。唐朝时，天竺诸国一直与唐朝关系密切，并经常遣使与唐通好。唐朝与天竺的贸易往来也很频繁。孟加拉、印度半岛东西两岸常有唐朝的商船停泊，而天竺的商船也常到广州、泉州进行贸易。唐朝运往天竺的商品有麝香、纩丝、色绢、瓷器、铜钱；天竺输入唐朝的物品主要有宝石、珍珠、棉布、胡椒。中国的纸和造纸术传入印度，从此印度结束了用白桦树皮和贝叶写字的时代。唐太宗也曾派人到中天竺摩揭陀学习制糖技术。

斯里兰卡在唐朝史籍中称为"狮子国"。唐高宗和唐玄宗时,狮子国两次遣使来唐,送来了大珠、钿金、宝璎、象牙、白氎。当时,广州珠江中的外国商船很多,其中以狮子国商船为最大,每年多次来唐,可见斯里兰卡与唐朝的贸易关系很密切。

唐朝时期,西亚重要的国家有波斯(今伊朗)和拂菻(东罗马帝国)。拂菻与唐朝有着密切的贸易往来。唐朝时,拂菻7次遣使入唐。贞观十七年(643),拂菻王波多力遣使来唐,献赤玻璃、石绿、金精等物,唐太宗回书答礼,并赠送绫、绮等丝织品。东罗马的皇帝、贵族及其家眷非常喜爱中国的丝织品,拂菻成了唐朝丝织物的重要转输地。东罗马的医术及吞刀、吐火等杂技也传到了唐朝。

波斯萨珊王朝(224—642)与隋唐王朝关系密切。7世纪中,波斯为大食所灭,波斯国王卑路斯以及他的儿子泥涅斯先后定居长安,客死唐朝。波斯灭亡后,其西部部分犹存,与唐朝仍然保持密切关系,多次与唐通好。波斯人虽然被阿拉伯人征服,但是他们在东西方海上贸易中的优势地位并未动摇,反而不断得到加强。波斯人的远洋帆船成群结队，络绎不绝地来往于东西方之间，有时一次东来的船队竟然达35艘之多，航海贸易规模之大令人惊叹。

天宝七载（748），鉴真和尚第五次东渡日本时随风漂流到海南岛的振江口，得到当时振州别驾冯崇绩的迎接。后来，他又被护送到万安州（今海南万宁）大首领冯若芳家安置。冯若芳是当地的豪强，他看到波斯商船经常经过海南岛东南部的万安州，于是干起了海盗的非法勾当。他每年都会劫取波斯人的商船，掠夺商人货物，并掠卖人口为奴婢。在万安州，南北三日行，东西五日行，村村相次，到处都可以看到他所卖的奴婢。他竟然还因此而迅速发家致富。这也说明当时来到唐朝的波斯商船的确很多。

当时，有许多波斯商人到唐朝经商，不少人在唐朝长期定居，甚至世代居住在唐朝。波斯商人的足迹遍布唐朝各地，长安、洛阳、扬州、广州都有他们开设的波斯商店，即所谓"波斯邸"和"波斯店"，波斯商人以经营宝石、珊瑚、玛瑙、香料、药材而驰名于唐朝的各大城市。唐朝的丝绸、瓷器、纸张也输入波斯，波斯的菠菜、波斯枣传入唐朝。

唐朝称阿拉伯帝国为"大食"。7世纪初,伊斯兰教创始人穆罕默德统一了阿拉伯半岛,东灭波斯,西陷开罗,建立了幅员辽阔的阿拉伯帝国。永徽二年(651),大食遣使与唐朝通好。此后148年间,大食遣使来唐达36次。大食所辖阿拉伯一带的商人到唐朝的也不少,长安、洛阳、广州、扬州、泉州都有他们的足迹,有的还在中国定居、在唐朝为官。大中二年(848),大食商人的后裔李彦升在唐朝参加科举考试,并考中进士,这成为中阿友好关系史上的一段佳话。

这时唐朝文化大量传入阿拉伯世界,纸和造纸术便是这时传到大食的。天宝十载(751),大食进攻中亚的石国,唐将高仙芝率兵救援,在怛罗斯(今吉尔吉斯江布尔)战败,不少唐朝士兵被大食俘虏,其中就有造纸工匠。大食利用他们的技术,在撒马尔罕设厂造纸,不久大马士革等地也建起了造纸厂。中国的造纸术从这里传入欧洲,推进了西方的文化事业。唐后期,硝传入阿拉伯。硝是火药的主要成分,阿拉伯人称之为"中国雪"。唐朝的医书、医术也传到阿拉伯,影响了阿拉伯的医学。

后记

这本小册子的电子版发给编辑后,我顿时感觉轻松了许多。回想本书的写作过程,我感慨万千。

2016年初编辑约请我写这本小书时,我起初犹豫不决。我深知,从我的工作状况、身体状况及其他因素来看,我的写作速度总是赶不上我们这个时代的节奏。但是,当我得知杜文玉先生为这套丛书主编,而且一些同事、好友也参与撰写这套书,于是我欣然接受了此书的撰写任务。

我研习隋唐经济史30余年,对相关史料和研究成果较为熟悉。当初,我对自己充满信心,认为完全可以轻松地写成此书。当然，我也知道自己写东西很慢，可能无法按时交稿。编辑则宽慰我说，交稿时间往后拖一拖也可以。不料，我因诸事干扰，迟迟未能完稿。其间，编辑多次催我尽快交稿，杜先生也一再催我加快进度。我感到越来越紧张，心里总是觉得对不起杜先生的信任，也对不起编辑。终于完稿后，杜文玉先生看过初稿后，提了不少修改意见，建议我大幅度压缩相关内容。

于是，我只好硬着头皮对初稿进行压缩、删改。我先将需要补写的内容写成初稿，然后再对全书进行修改。写初稿时很痛苦，压缩、删节文字同样是苦不堪言。那些日子，我仿佛又回到了当年修改硕士论文、博士论文的状态。就这样，最后将超出的6万多字全部删节，只保留10万字。近20年前，我撰写《长安商业》一书的规模达20余万字，并未觉得特别艰难。而本书虽然仅10万字，写作时却备感艰辛。我想，这可能主要是因为两本书的写法完全不同，本书的范围更加广泛，涉及的问题也更多。

写作此书时，虽然经历了不少痛苦，但也收获不少。原来不太清楚的问题，通过这次写作更加清楚了；原来关注较少的问题,也有了新的认识;即使是我以前很熟悉的史料,通过这次写作,也有了新的理解。写作时,为了搞清某个问题,我专门下载几篇甚至数十篇学术论文,对于相关的文物考古资料也翻阅了很多。这是最令我欣慰的地方。文章千古事,得失唯自知!对于这些艰辛努力,我并不后悔。

唐初以来,唐朝统治者在政治、经济、军事、法律、教育、文化等方面进行了一系列改革,充分地调整了统治制度,从而使封建制度提高了效率。自初唐以来,农业经济迅速发展,人口快速持续地增加,手工业生产的各个方面均有显著进步,国内外交通四通八达,传统的贸易通道——丝绸之路长期保持通畅,各国商人纷纷来唐贸易,国内商人亦奔走于各地,商品交换日趋活跃,国内市场不断发展壮大,金融业更加活跃。唐玄宗开元、天宝年间,社会经济达到了极盛。此时,唐王朝政治局势长期稳定,周边地区久获安宁,政通人和,国泰民安,天下大治,无论官府还是民间,皆仓丰廪实,这一时期不愧为中国封建社会史上的黄金时代。在写作此书时,我时常对这个充满激情和开放精神的时代怀有一种强烈的自豪感。但愿每一位读者读过此书后,也能产生这样的自豪感。

薛平拴

2016 年 11 月 6 日